U0679218

上海的「异质空间」(1853-1911)

种文化生态的跨文化传播研究框架

王祎 著

上海财经大学出版社

图书在版编目(CIP)数据

上海的"异质空间"(1853—1911)：一种文化生态的跨文化传播研究框架/王祎著.—上海：上海财经大学出版社,2020.6

ISBN 978-7-5642-3391-4/F·3391

Ⅰ.①上… Ⅱ.①王… Ⅲ.①文化交流-研究-上海-1853—1911

Ⅳ.①G127.51

中国版本图书馆 CIP 数据核字(2019)第 213833 号

□ 责任编辑　台啸天
□ 封面设计　贺加贝

上海的"异质空间"(1853—1911)：
一种文化生态的跨文化传播研究框架

王　祎　著

上海财经大学出版社出版发行
(上海市中山北一路 369 号　邮编 200083)
网　　址:http://www.sufep.com
电子邮箱:webmaster @ sufep.com
全国新华书店经销
江苏凤凰数码印务有限公司印刷装订
2020 年 6 月第 1 版　2020 年 6 月第 1 次印刷

710mm×1000mm　1/16　10.75 印张(插页:2)　211 千字
定价:48.00 元

是结束，也是开始

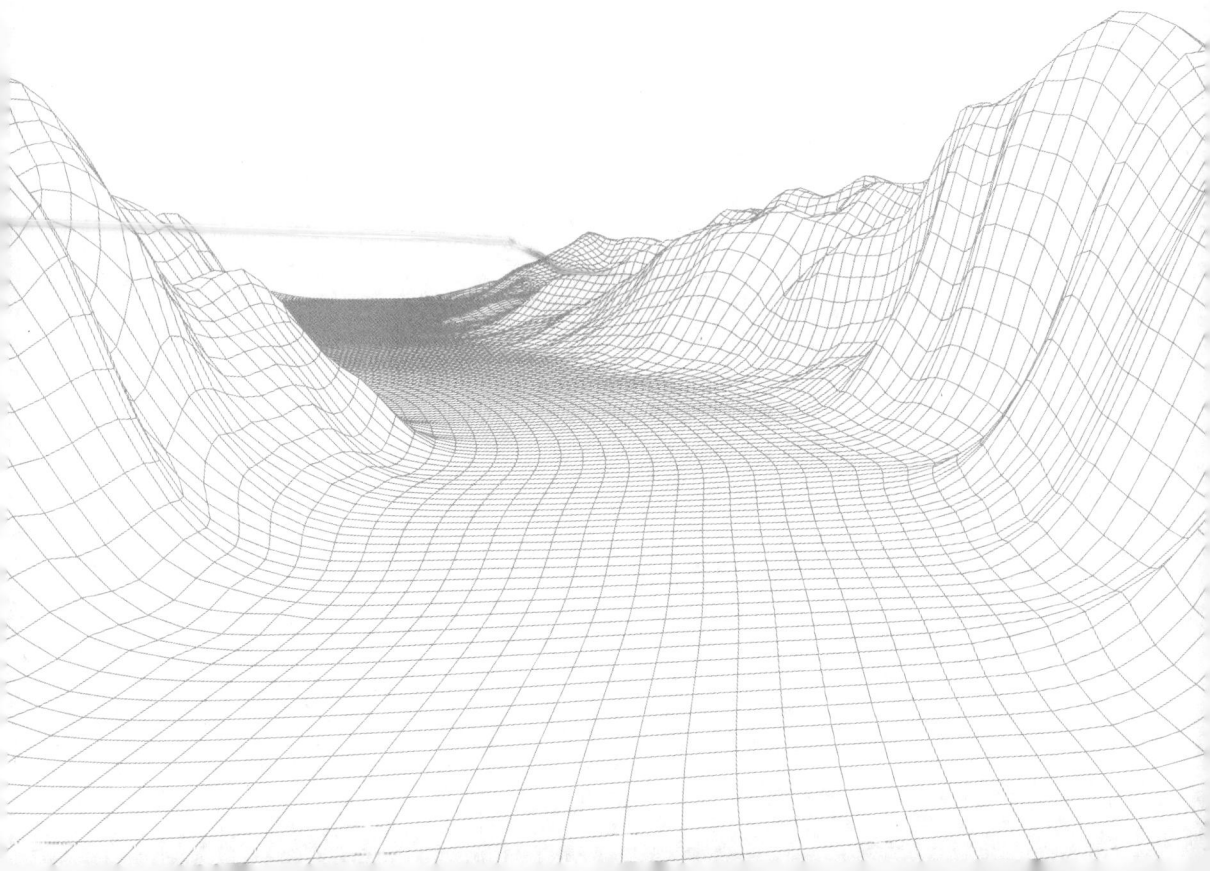

华侨大学高层次人才科研启动项目"跨文化传播视阈下的租界研究"(16SKBS104)成果

前　言

　　上海以其优良的自然地理环境、便利的交通运输条件和充足的历史发展积淀，被西方殖民者选为在华商业活动和殖民渗透的据点。清政府的腐败软弱和地方官员的办事不力，使英租界在上海首开先例，法国和美国紧随其后，开辟了各自的租界，形成独特的"异质空间"。回首历史，无尽屈辱。

　　开埠之后，"华洋"之间的跨文化传播活动展开，并在"小刀会起义"打破"华洋"隔离后日趋深入，且并未因租界的收回而停止。文化关系不同于相对明晰的政治、经济、军事关系，具有难以量化的复杂性和影响深远的延时性。以史为鉴，除富国强兵外，还需全面梳理文化关系史，聚焦于中华文化的主体性和生命力，从"异质空间"的中外文化互动中抽取普遍性规律，用以指导全球化背景下中国的跨文化传播实践。

　　跨文化传播语境下的上海租界文化生态是一个不断变迁的动态过程。以历史文献分析为依据，从文化生态基本理论模式出发，可以发现这一变迁逻辑由外而内体现在跨文化传播空间、西学东渐与政治环境、价值观念与生活风尚等诸圈层之中。

　　在外围圈层，1853 年的太平天国战事和上海小刀会起义，不仅为殖民者提供了扩张租界的契机，也冲破了华洋隔离，促成了华洋杂居时代的到来。国内外移民的涌入丰富着交往主体，使其突破历史经验向下扩展到基层民众，具有鲜明异质性的跨文化传播空间得以开拓。

在中间圈层,西学东渐依托租界平台再次开启,尽管带有浓重的紧迫性和实用性色彩,但中华文化面临强势的文化殖民从未屈服,始终展现出强大的生命力和鲜明的主体性。参与西学传播的主体主要包含外侨、清政府、士人和基层民众,并借助报刊、书籍等大众传播媒介和新式学堂这一人际传播媒介展开。传播内容经历了从器物、技艺、知识到制度、观念的演进,促进了现代学术体系的形成与理性观念的启蒙。出版业和现代报刊的发展拓宽了言路,国民教育的开展促进了新型知识分子的出现,提升了基层民众的参政意识,牵动了政治环境的变迁。初具现代意味的舆论场形成,民族主义觉醒,为旨在反帝反封建的辛亥革命积蓄了力量。

在核心圈层,繁荣的商业贸易冲击着中国传统的商业伦理,西方文化土壤孕育出来的资本主义商业伦理移植到上海租界这块试验田,并向全中国渗透,重农抑商理念转向重商主义。买办群体形成,早期资产阶级崛起。西方生活方式的传入带动了国民消费观念的变迁,进步与腐化之风并行。话剧、戏曲等大众文化在西方戏剧的影响下,经由改良丰富了民众的娱乐生活,也成为资产阶级革命的宣传手段。这些细致入微、无所不在的日常生活领域变迁使整个上海租界的文化生态时刻处于吐故纳新的变动过程之中,也不断形塑身处跨文化语境之下的外侨和华民对于自我与他者的认同。

对旧史料的新处理提供了超越历史沉淀的现实可能。这首先要重现跨文化传播主体、方式、过程和效果的复杂性;其次须承认晚清时期上海租界的跨文化传播并非西方文化对中国的单向同化,而是一个双向互动过程,体现了中国的自主性和本土性意识;最后还要超越"海派"文化的局限性,谋求上海这一"异质空间"的区域经验对于跨文化传播的普遍意义。

本书旨在从文化生态变迁视角重新审视上海因租界辟设而形成的"异质空间"内跨文化交往史实,通过回溯实现对历史及其动态演进过程中影响因素的把握,进而达成对人类文化关系和交往实践的深入理解。作为一种新的尝试,本书还有诸多未尽之研究,有待于持续推进。

　　如今,在上海黄浦江畔1.5公里长的外滩,依然矗立着52幢风格迥异的大楼,被称为"万国建筑博览群",昭示着中国近代的历史遭遇。然而中国已非170多年前清政府治下被西方列强的坚船利炮胁迫开埠时的中国。伴随经济的高速发展,国力的不断增强,中国文化的影响力也持续提升,对外文化交往日趋频繁深入。历史规律的凝练有益于指导当代实践,期望本书可作引玉之砖,为跨文化传播研究建构一种新的整体性框架,为中国跨文化传播策略和实践提供借鉴。

目　录

前言 ……………………………………………………………………… 001

第1章　意义追寻:上海的"异质空间"之于跨文化传播 ……………… 001

　1.1　问题意识与选题的缘起 ……………………………………… 001

　　1.1.1　传播学研究的文化向度 ………………………………… 001

　　1.1.2　跨文化传播研究的历史维度 …………………………… 003

　　1.1.3　近代文化关系史的现实价值 …………………………… 004

　1.2　研究对象的择定 ……………………………………………… 006

　　1.2.1　研究样本的选择 ………………………………………… 006

　　1.2.2　研究议题的框定 ………………………………………… 008

　　1.2.3　时间段的截取 …………………………………………… 009

　　1.2.4　立场的确定 ……………………………………………… 011

第2章　研究设计:学术史、方法论与框架 …………………………… 013

　2.1　跨文化传播视阈下的上海租界研究 ………………………… 013

　　2.1.1　租界研究的跨文化传播视角 …………………………… 013

　　2.1.2　跨文化传播研究的"去殖民化" ………………………… 022

　2.2　基于文化生态与文化变迁的研究框架 ……………………… 028

2.2.1 主体范式:文化生态研究 ……………………………… 028

2.2.2 补充视角:文化变迁研究 ……………………………… 037

2.3 方法论、方法与研究框架 ……………………………… 038

2.3.1 方法论与方法 ……………………………… 038

2.3.2 研究框架 ……………………………… 045

第3章 外围圈层:租界辟设与传播空间的拓展 ……………… 048

3.1 天然规定性与历史前情 ……………………………… 049

3.1.1 天然规定性:上海的自然环境与发展积淀 …………… 049

3.1.2 历史前情(1):上海开埠与英租界的辟设 …………… 051

3.1.3 历史前情(2):英租界初扩与法、美租界辟设 ………… 053

3.2 租界的扩张与治外法权的攫取 ……………………… 056

3.2.1 战乱频发的时代契机 ……………………………… 056

3.2.2 租界特权的伺机扩张 ……………………………… 058

3.3 移民的涌入与跨文化传播空间的拓展 ……………… 065

3.3.1 移民潮的涌入及其影响 ……………………………… 065

3.3.2 跨文化传播空间的拓展 ……………………………… 069

第4章 中间圈层(一):西学东渐与文化观念启蒙 …………… 072

4.1 传者与受众:上海租界西学传播场域中的多元主体 ……… 073

4.1.1 外来力量:以传教士为主体的外侨 …………………… 073

4.1.2 顶层设计:清政府的倡导 …………………………… 074

4.1.3 中流砥柱:士人的主张 ……………………………… 076

4.1.4 底层基础:普罗大众的西学初体验 ………………… 081

4.2 传播媒介:大众传播与人际传播并行 ………………… 082

4.2.1　横向拓展型媒介:租界报刊 ···················· 082

4.2.2　纵向深入型媒介:图书出版 ···················· 090

4.2.3　人际传播媒介:西式学堂 ····················· 092

4.3　传播过程与效果:认知变迁与观念启蒙 ················ 093

4.3.1　传播过程:关于西学的认知变迁 ················· 093

4.3.2　传播效果:知识生产与观念启蒙 ················· 097

第5章　中间圈层(二):公共舆论与政治环境变迁 ··············· 102

5.1　舆论场域的搭建 ··························· 103

5.1.1　言路的拓展 ························· 103

5.1.2　主体的培育 ························· 106

5.2　公共舆论的变迁 ··························· 110

5.2.1　公共舆论的形成 ······················ 110

5.2.2　舆论热点的引爆 ······················ 113

5.2.3　文化领导权的转移 ····················· 114

5.3　政治变革力的积蓄 ························· 116

5.3.1　民族主义的觉醒 ······················ 116

5.3.2　革命舆论的营造 ······················ 118

第6章　核心圈层:价值观念与生活风尚形塑 ················· 120

6.1　价值观念的涵化 ··························· 121

6.1.1　资本主义商业伦理的移植 ·················· 121

6.1.2　早期资产阶级的崛起 ···················· 124

6.1.3　移民造就的商业文化 ···················· 126

6.2　生活风尚的形塑 ··························· 128

6.2.1　消费观念的变迁 ·· 128

6.2.2　西式饮食的引进 ·· 131

6.2.3　大众文化的传播 ·· 133

第7章　重访租界：历史的沉淀与超越的可能 ······················ 137

7.1　上海租界跨文化传播的铺展 ·································· 137

7.2　过渡时代的文化生态系统变迁 ······························ 138

7.3　身份认同：自我、他者与他者眼中的自我 ················ 139

7.4　超越历史的现实可能 ·· 141

7.5　研究议题的持续生命力 ·· 143

参考文献 ·· 146

第1章 意义追寻:上海的"异质空间"之于跨文化传播

1.1 问题意识与选题的缘起

1.1.1 传播学研究的文化向度

作为一门交叉学科,传播学的研究范畴极为广泛。可以说,所有人类传播行为的规律,以及传播过程中人与人、人与社会之间的关系,都在传播学关注视野之内。经过几十年的发展,传播学的研究议题不断丰富,学科体系不断成型,逐渐衍生出大众传播学、组织传播学、健康传播学、发展传播学、跨文化传播学等子学科;研究取向也日渐多元,有学者指出,"在传播中……存在着社会的向度和文化的向度……通常来说,传播既具有社会取向的部分,又具有文化取向的部分……就结果而言,传播既可能对行动产生社会影响,也可能对观念产生文化影响",因此,"也存在两种传播研究范式,一种是功能主义社会学取向的,另一种则是文化社会学取向的,它们构成了传播研究的两个重要相面",也"构成了两种不同的认识论"。①

这一判断可以从传播学的发展史中找到佐证。自诞生之日起相当长的一段时间里,美国"主流"传播学都秉承实用主义、功能主义哲学传统,将社会行为和群体心理作为研究对象,以实现特定阶层的政治和商业控制目标;而对人们日常生活中频繁进行的意义层面的交流和沟通,如文化艺术等议题鲜有关涉,专注于"社会取向"。直到文化研究学派的批判取向引起广泛的重视和共鸣,传播学才开始重新审视"文化取向",关注意义的共享和文化的流动。

需要肯定的是,美国经验学派对于传播学的诞生和发展起着不容忽视的基础性作用,并依然具有引领效应。然而也必须认识到,这一学派是根植于意识形态斗争和冷战思维的产物,在当今社会日益暴露出固有缺陷和弊端,难免受政治力量和商业利益裹挟,缺乏社会科学所必需的人文关怀,也缺乏更为广泛深刻的理论观照力、解释力。

与此相映照的是,从法兰克福学派汲取营养的文化研究取向再度迎来新的关注热潮,对日常审美和文化的关注逐渐成为传播学研究所无法忽略的重要构成,其重要性也日渐被发掘与呈现。社会现实本身的复杂性以及社会与文化二者的相互投射、交合,使得单一的社会研究取向无法彻底揭示研究对象的本质及其背后的因果关系。于是,"文化不再隐藏于社会的背后,而是在社会的前台与社会控制取向的传播方式分庭抗礼"。②此外,正如亨廷顿对于"文明的冲突"的强调,文化因素并非某一学科领域的个别关注,而已经成为透视当今世界纷繁复杂景象的重要路径。有学者指出,文化和

---

①② 胡翼青:《论文化向度与社会向度的传播研究》,《新闻与传播研究》,2012年第3期,第4～5页,第10页。

传播之间本身就存在"同构"关系。① 这进一步验证了文化的传播及其规律是传播学研究无法绕开的重要议题。此时，文化已成为传播学无法忽略的研究向度，并将日益向纵深迈进。

1.1.2 跨文化传播研究的历史维度

跨文化传播学作为传播学研究的分支或者扩展领域，诞生于 20 世纪 40 年代，至 70 年代末期，初步形成独特的理论体系，是一门非常年轻的学科。但是，人类的跨文化传播活动却非迈入现代才开始，而是自古有之，源远流长。从公元前 18 世纪古巴比伦王国的《汉谟拉比法典》中对赴国外购买奴婢的规定，到古埃及对其与亚洲人交往所留下的记载，再到中国的周穆王西征、徐福东渡、张骞通西域、甘英使大秦等，历史例证不胜枚举。② 因此，跨文化传播研究的视野不能局限于当世跨越国界区域的空间维度，同时也要关注跨越历史纵深的时间维度，将历时性分析与共时性分析充分结合，才能更准确地把握跨文化传播的规律。

中世纪的欧洲正深陷教会腐朽和纷争战乱之际，中国则处于鼎盛的大明，郑和船队七下"西洋"，拉开了人类走上世界性交往舞台的序幕。但是，不同文化间频繁的交往互动是在"地理大发现"之后才逐渐展开的。经历了长期混战和宗教改革的欧洲全面复兴，对财富和新市场的强烈渴望，使迪亚士、达·伽马、哥伦布等人的足迹从欧洲延伸到世界各地，伴随而来的海外贸易与殖民活动促进了世界范围的交往，一个全新的时代开启。近代工业革命以后，英法等新兴资本主义国家取代西葡霸主地位，大范围拓展全球殖

---

① 单波：《跨文化传播的基本理论命题》，《华中师范大学学报（人文社会科学版）》，2011 年第 1 期，第 103 页。

② 孙英春：《跨文化传播学导论》，北京大学出版社，2008 年，第 5 页。

民领地,人类的跨文化传播活动前所未有地繁荣,跨文化传播研究议题也大量涌现。

从中国本土立场出发,近代是中国漫长历史上"数千年未有之变局",也是被迫从传统向现代过渡转型的重要时期。近代以后,自诩为"世界中心"的清政府面对船坚炮利的殖民者,无法再坚守"闭关锁国"的国策,被动卷入资本主义全球体系;也再难维持"天朝上国"的尊严,被迫与昔之"蛮夷"今之"列强"展开全面的往来。历史并非单行线,多元因素交织叠加共同左右其演进走向。既作为交往事实的一环,又作为背景性因素存在的文化,即为考量近代历史不可忽视的层面。对近代跨文化传播历史的回溯,既是跨文化传播研究的基础性工作,也是全面审视整个中国近现代发展历程的重要着眼点。

1.1.3　近代文化关系史的现实价值

必须承认,"晚近以来的百余年间,中国的历史发展进程并不顺遂,中华文化在反复历经自我反省、批判和破坏之后,传统的吸引力屡遭挫折,不可避免的民族自卑感使得国内公众至今仍对积弱百多年的中国文化产生诸多质疑,甚至由此衍生出对本国意识形态、文化价值观和政治制度的质疑。"[①]经济的腾飞和国力的强盛并未完全消除文化上的"自我矮化",在文化自信不断提升的今天,仍有少数人对西方文化存在"盲目仰慕"心理。

然而,文化的传播具有很强的互动性,文化实力虽与一国政治、经济、军事等"硬实力"呈正相关,但并非绝对成正比,单向的文化输出是不存在的。"强势文化"和"弱势文化"之间没有清晰的界线和绝对化区隔。文化的流向

---

① 孙英春,王祎:《"软实力"理论反思与中国的"文化安全观"》,《国际安全研究》,2014 年第 2 期,第 113 页。

与该文化是否符合更广泛多元民众的心理、能否对不同文化背景下的其他族群形成吸引力和向心力有关。从这一立场出发，摒弃先入为主的判断，立足近代中外文化关系演进史实本身，从西方人带来的"强势文化"和殖民地的"弱势文化"互动中，重现被忽视或遮蔽的文化事实，挖掘左右文化关系走向的主导因素，探寻文化交往背后的普遍性规律，厘清传统失落的真相，具有深远的现实意义。

既有的跨文化传播研究，多集中于当世跨越国界区域的空间维度，对跨越历史纵深的时间维度观照不足。任何现实都是历史的多重积淀，无法与过去割裂。欲深刻透视跨文化传播背后的规律，必须将共时性分析与历时性分析结合起来，条分缕析厘清历史的脉络和演进轨迹。当前从战略层面展开的跨文化传播研究，多是基于民族国家立场的宏观分析，着眼于华夏文明整体；而另一取向的文化人类学方法影响下的跨文化研究又过于微观和细碎。然而，任何国家和民族的文化都不是铁板一块，时间上的历史纵深和空间上的国界广阔，必然造就文化多样性和差异化。殖民宗主国因其原生文化不同，在来华殖民活动中与华互动模式也是不尽相同的。基于对差别的充分认知，才能更好地对整体进行把握。因此，把视角降到地方一级，挖掘跨文化研究的素材，既有利于在跨文化研究中建立起更为丰富的层次和更为立体的视角，也有助于厘清当今中国与不同国家进行跨文化传播活动时作为背景的历史沉淀，及其背后仍在发挥支配作用的潜藏规律。

正如刘易斯·芒福德的经典表述："城市是文化的容器"。[1] 城市始终是研究文化相关议题所绕不开的对象。某种程度上说，近代中国城市的发育有着浓厚的"外力"痕迹，如上海、广州、天津、厦门、宁波等，其中，"租界"的辟设与发展形成了独特的"异质空间"，在城市发育中扮演不可忽视的重要

---

① ［美］刘易斯·芒福德：《城市文化》，"中文版序言"，宋俊岭等译，中国建筑工业出版社，2009 年，第 14 页。

角色。"租界"作为特殊历史时期的殖民产物,决不允许也不可能在中国土地上再次出现。但是,正如历史的演进总是受某些相对恒定的规律支配,影响跨文化传播的因素也具有高度的延时性。当时的"华洋"混居,从某种程度上说类似如今"地球村"移民汇聚后各种族混居的历史预演。一方面,当时的殖民活动造成了大多数被殖民国家和地区的文化中断,而中华文化却以独特的方式进行反抗与自我革新,展现出强大的文化生命力;另一方面,当下的文化互动较之以往任何时期都更频繁、更深入,而基于国力差异的文化交往不平等性从未消失,甚至愈演愈烈。

因此,对租界这一"绝版的异质空间"样本进行深入研究,还原租界内文化生态的状况与演进,揭示跨文化传播活动背后的潜藏规律,有益于指导当下国际传播与跨文化实践的展开与深入。正如马克·布洛赫言:"各时代的统一性是如此紧密,古今之间的关系是双向的。对现实的曲解必然源于对历史的无知;而对现实一无所知的人,要了解历史也必然是徒劳无功的。"①

1.2 研究对象的择定

1.2.1 研究样本的选择

如前所述,上海的"异质空间"因租界辟设而成,但租界却非上海专利。关于近代中国先后存在的租界总数,由于定义标准差异而有很多个版本,从26个到53个不等。天津、广州、厦门、杭州、苏州、镇江、汉口、九江、重庆等城市都有过租界。但是,无论以租界的历时、形态、机构、面积、外侨人口,还是近世影响等而论,其他城市远远难望上海项背。五口通商以后,上海于

---

① ［法］马克·布洛赫:《为历史学辩护》,中国人民大学出版社,2006年,第37页。

1845 年即辟设英租界,至 1943 年消亡,是旧中国所有租界中设立最早,存在时间最长的。上海租界面积最大时达 48 653 亩,超过国内其他租界面积的总和。同时,上海租界也是众多租界中殖民色彩最浓、形态最完备、结构最系统、管理机构发育最充分的一个。正是这些因素,使前来经商和生活的外国侨民数量众多,顶峰时外侨国籍达 50 多个,人数逾 15 万。来自世界各地的外侨给上海带来了众多异域文化,这些不同的文化元素给上海的文化和社会发展带来了不可忽视的影响,甚至催生了具有鲜明特色的文化形态。①迄今仍屹立在黄浦江边的充满异国情调的建筑,便是当年租界跨文化传播活动的结晶和见证。以上种种叠加,造就了上海租界在近代中国租界研究样本中不可撼动的居首之位。

姚公鹤在《上海闲话》中感叹:

> 上海兵事凡经三次:第一次道光时英人之役,为上海开埠之造因;第二次咸丰初刘丽川之役,为华界人民聚居上海租界之造因;第三次咸丰末太平军之役,为江浙及长江一带人民聚居上海租界之造因。经一次兵事,则租界繁荣一次……租界一隅,平时为大商埠,乱时为极乐园。昔《洛阳名园记序》称天下盛衰视洛阳,洛阳之盛衰视名园之兴废,吾于上海则亦曰:天下之治乱视上海,上海之治乱视租界,盖世变系焉。②

该论述虽未曾跳出"治乱、盛衰、兴废"历史观的沉疴,却高度凝练了上海因"乱"而兴这一吊诡的发展轨迹,并高调地将上海租界拖入人们视野。套用陈旭麓的概括:"研究近代上海是研究中国的一把钥匙;研究租界,又是解剖近代上海的一把钥匙。"③——研究近代上海的跨文化传播是研究中国

---

① 很多学者将上海的文化形态冠以"海派文化"之名,此说法有待商榷,下文会对此提法进行讨论。
② 姚公鹤:《上海闲话》,上海古籍出版社,1989 年,第 60 页。
③ 陈旭麓:《海租界与中国近代社会新陈代谢》,上海人民出版社,1990 年,第 713 页。

与世界文化关系的一把钥匙;研究租界的文化生态,又是解剖近代上海跨文化传播的一把钥匙。

1.2.2　研究议题的框定

关于文化的定义古今中外百家争鸣,共识度较高的是泰勒从"广泛的民族学意义上"对文化所做的定义:"文化……是一个复合整体,包括知识、信仰、艺术、道德、法律、习俗,以及作为一个社会成员的人所习得的其他一切能力与习惯,是人类为使自己适应其环境和改善其生活方式的努力。"[①]这一定义力求全面,但过于宽泛。若据此展开研究,难免失焦。故本书采用"文化生态"理论框架来统行全文结构,从动态视角出发,以重溯近代上海租界文化生态(相关概念厘定和理论爬梳会在第二章专门展开)及其演进为主要目标,并择取与跨文化研究关联较紧密的"文化事实"(具有跨文化传播目的、性质和意义的行为活动)为着眼点,避免重复法律、艺术等学科的既有研究工作与成果。从传播学的立场出发,聚焦于跨文化传播活动如何影响上海租界文化生态的变迁。同时,着重结合传播学的学科特点,在具体史料和研究样本选择中,将媒介议题作为关注的侧重点。具体而言,本书主要关注以下问题:

(1)租界作为清末半殖民地半封建社会的历史缩影,在文化层面除了作为"屈辱"的象征,在中外文化传播中还扮演了怎样的角色?

(2)作为文化"接触地带",租界提供了"华洋"互动的平台,在这一空间内跨文化传播何以发生,受何因素影响,如何演进?

(3)在中西方互动与殖民主义"在地化"的过程中,中国本土文化的主体性是否存在?有何体现?

---

① 〔英〕爱德华·伯内特·泰勒:《原始文化》,连树声译,上海文艺出版社,1992年,第1页。

　　(4)中华文化在数千年的历史进程中展现出的超强同化力,在近代是否依旧存在? 中国文化如何在租界内发声? 是否影响了"文化涵化"的发生?

　　(5)跨文化传播如何影响租界居民(既包括华民,也包括外侨)对于自我认同、他者想象的建构,以及是否通过他者眼中的自我进行规训与重塑?

　　这些问题是推动研究进展的原始动力,贯穿始终。

1.2.3　时间段的截取

　　上海租界自 1845 年 11 月辟设,于 1943 年 8 月收回,与中华国土共同历经了近百年的风云变幻。这种同验性决定了上海租界内政治、经济、文化等层面的历史变迁都与中国的近代遭遇深度勾连。但是,租界僭越清王朝统治的存在和发展方式,又使其具有一定的相对独立性和特殊性。如果把近百年的史料全部纳入研究视野,一方面时间跨度过大,待处理史料庞杂,把握难度极大;另一方面头绪错综复杂,容易分散视线,造成研究失焦。但同时还要注意,如史学家严耕望所强调的:"断代研究,不要把时间限制得太短促",因为"历史的演进是不断的,前后有连贯性的,朝代更换了,也只是统治者的更换,人类社会的一切仍是上下联贯,并无突然的差异。"①那么,时间段截取的恰当性对研究进展和结论得出就显得尤为重要。

　　本书以文化作为研究面向,目前在中国近现代史关于这一领域的研究中,普遍把目光对焦于 1895 年甲午中日战争至 1925 年新文化运动完成后这一阶段,侧重对"思想文化的转型时代"的研究。② 但是,"冰冻三尺,非一日之寒","转型"的发生必然经历时间上的长久历练和量能上的大量堆积。因此,在海量的转折期研究中向前移步,考察变革发生前的历史积淀、各方

---

　　① 严耕望:《治史三书》,上海人民出版社,2008 年,第 12 页。
　　② 张灏:《中国近代思想史的转型时代(1895～1925)》,许纪霖、宋宏编:《现代中国思想的核心观念》,上海人民出版社,2011 年,第 10 页。

变量,以及变革伊始的触发过程,自有其必要性和紧迫性。同时,文化的转型由于其自身的隐性和黏性,往往并不完全同步于政治与社会的转型,前者的轨迹与后者大体趋同但缓急有异。因此,本研究并未将典型的"转折期"作为时间段截取依据,而是聚焦于风雨飘摇的晚清。

依照史学界业已达成的共识,晚清时期的历史界分自 1840 年鸦片战争爆发为始,至 1911 年辛亥革命爆发,颠覆清王朝政权为终。然而,落实到具体研究议题中来,根据目前较为成熟的租界史研究成果,初设阶段的租界内实行"华洋"隔离政策,来华外侨人数较少,涉及文化类行为多以传教为主;而华人在与外侨的有限接触里,除商业往来以外几乎无其他深交,大多民众处于"猎奇"和远观的心理状态。直到 1853 年小刀会起义和太平天国定都天京(今南京)以后,华洋隔离才在外力冲击下逐渐被打破,跨文化传播空间建构起来并不断拓展,跨文化传播活动日益频繁。特别是进入 19 世纪 60 年代以后,伴随洋务运动的兴起,"天朝"上下开始"开眼看世界",并以官方以及士大夫等精英阶层为主体,探寻"师夷长技"之路,逐渐重视对外来文化的摄取。因此,本书以 1853 年上海租界内华洋杂居格局的形成作为研究起点。

1895 年,甲午中日战争中清军的惨败和《马关条约》的签署,像一记重拳击中风雨飘摇的清政府,也震撼着"天朝子民"。正如梁启超在《戊戌政变记》开篇所云:"吾国四千余年大梦之唤醒,实自甲午战败割台湾,偿二百兆以后始也。"①自此,列强瓜分中国的野心极度膨胀,中国面临空前危机,半殖民地化大大加深。救亡图存不再是局限于精英阶层的"顶层设计"问题,而成为引起全国民众关注的核心议题。在此背景下,从"器物"到制度再到文化,全面重新审视西方成为晚清举国上下的必然选择。同时,伴随帝国主义

---

① 梁启超:《戊戌政变记》,《饮冰室合集》第 6 册,中华书局 1936 年版,1989 年影印,《饮冰室专集》之一,第 1 页。

瓜分中国狂潮的掀起,外来文化也如洪流般不断涌入国门,在华外侨的文化活动也不再局限于传教,设立学校和创办报刊的规模和数量都迅速增加,中外文化关系进入新阶段。因此,本研究将1895年甲午中日战争作为划分前后两个阶段的时间节点。

1911年,辛亥革命爆发,腐朽孱弱的清王朝枯木难支,名存实亡,民主革命如火如荼。次年,中华民国在南京宣布成立,溥仪退位,风雨飘摇的清王朝正式退出历史舞台,中国进入了新的历史时期,政治、经济、社会等方面都开始呈现新的特征,文化领域也呈现出前所未有的新浪潮、新局面。此为研究的终止时间点。

依照此种时间段的截取方法,本书将1853～1911年这一中外文化交往较为频繁、深入、典型,租界内文化生态演进脉络逐渐清晰、特征呈现较为鲜明的阶段史实作为研究对象,以确保得出的结论既具有扎实的史料支撑,又具有普遍的现实意义。

1.2.4 立场的确定

在对历史议题的研究中,持有何种历史观对结论具有决定性影响。

目前,提及近代中外文化关系,"西方中心主义"辐射深远。柯文用三种框架来概括此种历史观支配下的史学研究,即"冲击—回应"框架、"传统 —现代"框架和"帝国主义"框架。① 目前在中外文化关系议题的研究中,均能明显发现这三种框架的投射:一是把近代中国的文化变迁全部归因于外力的作用所做出的被迫回应,抹杀中国本土文化的主动性和自主性;二是将西方社会的线性发展模式上升为全球、全人类历史发展的普适性逻辑,将近代

---

① [美]柯文:《在中国发现历史——中国中心观在美国的兴起》,林同奇译,中华书局,1997年,第3页。

中国与西方的社会文化关系简化为"传统"与"现代"的对立;三是将中国在近代面临的困局完全归咎为西方国家的殖民活动,将中国思想意识的觉醒和文化领域变迁的动力视为"帝国主义"侵略下的选择。

但是,历史的脉络远非如此简单化约,诸多线索隐藏在纷繁复杂的史料背后。如果不能充分意识到"隐藏在自己提出的问题中的前提假设",便会导致"真理不是来自史料之中,而是强加于史料之上",进而使我们得到的历史画面"过多地受史家内心世界的制约,而过少地受史家所描述之世界的制约"。[①] 由此可见,在处理复杂的历史问题时,立场的选择格外重要。对此,柯文的解决方案是关注"以中国为中心的中国史",指出"19 世纪、20 世纪的中国历史有一种从 18 世纪和更早期发展过来的内在的结构和趋向",[②] 以此作为新的中国史研究框架的前提。这提醒关注中国近代历史议题时,不能断代地就近代言近代,而要将其置于更为深邃广阔的历史前因之中,在尊重历史的延续性、承认历史的连贯性的前提下,探寻历史的转折性。

此外,还需要特别说明的是,本书虽旨在重现被遮蔽或忽略的历史另一面,但无意为租界"正名"。作为殖民扩张的畸形产物,租界屈辱的符号意义是不可抹杀的,这是重新揭开那道历史创伤的前提。一些学者将租界描述为"传播文明之光的灯塔"和"开启国民心智的钥匙"显然是有失公允且罔顾史实的。然而正如历史并非单行线,事实也无须非黑即白。"怨妇心态"与"奴才嘴脸"同样必须摒弃。因此,有意保持疏离感,相对客观地把租界作为一个跨文化传播研究范本来看待,考察特殊的时代和社会背景下文化生态的变迁与跨文化传播的事实推进,何以可能,如何发生,如何迁演,受何左右,有何影响等,是必要的。承认历史的复杂性,是窥透复杂历史的必要前提,也是本书贯穿始终的诚训。

---

①② 〔美〕柯文:《在中国发现历史——中国中心观在美国的兴起》,林同奇译,中华书局,1997 年,第 175~176 页,第 173 页。

第 2 章　研究设计:学术史、方法论与框架

2.1　跨文化传播视阈下的上海租界研究

2.1.1　租界研究的跨文化传播视角

国内租界研究现状

学界普遍认为,中国学者关于租界问题研究的学术史上有两次繁盛时期:第一次主要集中于 20 世纪 20～30 年代,伴随中国本土革命意识的萌发和革命运动的开展,民众强烈要求收回租界,废除列强在华的治外法权,这一时期关于租界的研究与高涨的民意相配合,主要针对与租界相关的政治、法理等问题展开论证,"重点在于揭露租界存在的不合法性和罪恶性,同时

论证收回租界的必要性",谴责列强对中国的侵犯。徐公肃、丘瑾璋的《上海公共租界制度》和上海市通志馆的《上海通志馆期刊·租界篇》是这一时期租界研究的扛鼎之作。抗日战争结束前夕,我国各地辟设的租界大部分得以收回,至此租界问题研究逐渐降温。从中华人民共和国成立至 20 世纪 70 年代末的 30 年间,租界研究始终低迷不兴。"租界仅被认为是'外国冒险家的乐园''罪恶的渊薮',租界史仅被作为帝国主义侵华史的附属部分,很少见到专门研究租界史的论著。租界史研究实际上成了史学研究领域的一个'禁区'。"①

第二次租界研究的繁盛时期始于改革开放政策的实施,这一阶段租界研究的热度一直持续,迄今不衰。这一方面得益于宽容开放的学术氛围逐渐形成,另一方面也是由于设立深圳等"特区"的实践尝试,迫切需要理论的武装。这种现实的需求促使学术界对"租界"这一历史事物重新思考,掀起新一波研究热潮,更为客观、全面、多层次、多角度的研究就此展开,并开始借鉴其他学科的视角和研究方法。

在这一阶段众多租界研究成果中,费成康所著的《中国租界史》是其中反映最新研究进展的高水平代表性著作。该书采用经典史学叙事的方法,聚焦于各国在华租界的辟设、发展和收回过程,从时间跨度和空间范围上全面涵盖了近代列强在华租界的历史演变,并深入分析了各国租界的政治、法律和市政管理制度,通过特征凝练,提出了租界研究对当今的启示等深刻问题,较为全面地反映了列强在华租界的状况,且力求详尽真实。该书主要笔墨着于对租界制度的细致分析,以及对各地各国租界制度的比较,对文化层面鲜有关涉。②

上海档案馆研究员姜龙飞所著的《上海租界百年》③一书,以通俗平易的

---

① 郑祖安、施扣柱:《国内租界史研究概述》,《社会科学》,1988 年第 9 期,第 78 页。
② 费成康:《中国租界史》,上海社会科学院出版社,1991 年版。
③ 姜龙飞:《上海租界百年》,文汇出版社,2008 年版。

叙事方式对上海租界百年历程进行了多个角度的阐述。该书所涉及的史料翔实,内容丰富,这得益于作者的工作背景。对于一手资料的便利获取和充分掌握,使得该书并不停留于对史料的枯燥复述,而是对有关租界的诸多问题进行了较有新意的阐述。同时,作者语言风格鲜明,表述幽默生动。但是,由于该书定位为概述性著作,力求广泛全面的同时,并未过多着力寻求深度上的挖掘和观点性突破,尚留有一定发展空间。正如作者的自序中所言,这不是一本"经院式的租界史",可视为了解上海租界中的入门读物。

　　崔波的《清末民初媒介空间演化论》①和陈冠兰的《近代中国的租界与新闻传播》②是为数不多的在新闻与传播学框架内观照租界议题的代表性专著。崔波从实践哲学的视角,分析清末民初媒介空间结构与社会关系的映照与互构,通过空间言说、地理描述的方式,弥补传统媒介史学研究中因偏重历史事件因果分析的线性叙事方式,而长期以来对于因政治、经济、文化差异所导致的实践主体和媒介空间演进差异性和多样性的忽视。③特别是其中《地域性媒介的汇集——从乡村到城市》一章,指出租界作为一块中国政府权力难以企及的"飞地",为"一批又一批具有民族主义意识和反抗精神的新派人物从日本、中国香港、东南亚以及内地各省聚集于上海……进行新型媒介生产活动"提供了"掩护"。④同时,租界提供了西方世界的"现实样本","租界内的物质文明、市政风貌、政治制度、法律体系以及生活方式、伦理道德、价值观念、审美情趣等,与上海社会原有的文化格调截然相异,形成巨大的文化'势差'。由文化'势差'引起了文化冲突和碰撞",并"产生了强烈的示范效应,推动上海人向西方学习",从模仿西人开始"自办报纸、学会、商会、学校、出版等",可以说,"租界这一特殊的社会政治生态环境对上海新型

　　①③④　崔波:《清末民初媒介空间演化论》,北京大学出版社,2012 年。
　　②　陈冠兰:《近代中国的租界与新闻传播》,中国书籍出版社,2015 年。

媒介的孕育、发展、壮大，起到过积极的促进作用"。[①]　该专著为媒介视角下的租界研究提供了重要的颇具建设性意义的参照，特别是不局限于报纸和出版等大众传播媒介，而将学会、商会和学校等人际传播、群体传播、组织传播媒介纳入研究视野，以及对租界内所展示的西人的文化特征的观照，对于研究租界内的跨文化传播及其外溢效应具有重要启发性。

　　陈冠兰的《近代中国的租界与新闻传播》全面系统地梳理了租界的开辟与存在对近代中国的新闻传播业所产生的"重大而深远的影响"，从租界(Settlement)的概念界定出发，未把租界地(Leased Territory)、避暑地、自开通商场纳入研究视野。[②]　通过对百余年间在租界"这一特定时间与空间里"传播的生长点与社会环境[③]、新闻传播形态[④]、不同传播主体[⑤]、新闻传播的社会控制[⑥]等方面进行了"整体描述与分析"。同时单辟一章分析租界新闻传播发展轨迹中战时("孤岛时期")新闻传播的特殊性。[⑦]最后凝练归纳出上海租界新闻传播的独特地位，[⑧]并就英、法、美[⑨]、日等不同租界的新闻传播进行了比较研究。[⑩]正如作者在自序中所言及的选题目的和研究期待，该书对租界新闻传播的"整体描述与分析"系统、全面、深入，展现了近代中国租界内新闻传播的全貌。

　　据不完全统计，截至目前，以"租界"为关键词，检索知网中文期刊全文数据库(CNKI)的论文(含期刊、会议、学位论文等各形式)共 14 000 余篇，博士学位论文近 700 篇。主要集中于史志档案(5 000 余篇)、文学(1 500 余篇)、建筑/规划(1 400 余篇)、经济(1 000 余篇)、人物传记(1 100 余篇)、艺术(700 余篇)以及宗教、工业、地理等领域。

---

　　①　崔波：《清末民初媒介空间演化论》，北京大学出版社，2012 年，第 79 页。
　　②③④⑤⑥⑦⑧⑩　陈冠兰：《近代中国的租界与新闻传播》，中国书籍出版社，2015 年，第 2 页、第 16～53 页、第 54～91 页、第 92～177 页、第 178～264 页、第 265～313 页、第 315～320 页、第 321～332 页。
　　⑨　在华美租界数量不多，只在天津和上海存在，上海美租界辟设后归入英租界，合称为"公共租界"。

新闻与传播学科内论文约 500 篇。大部分研究围绕报业、报刊、报人展开：或针对报刊行业进行分析，如张继木等的《租界对中国民营报业影响论析》[①]，赵建国的《报刊地理：广州租界与近代报刊（1827~1912）》[②]和《地域文化中的媒介：西关文化与近代广州报刊（1827~1912）》[③]；或针对某一报刊进行专门研究，如阳美燕的《英商在汉口创办的〈字林汗报〉（1893）——外人在华内地发行的第一份中文报纸》[④]；或研究某一报人的思想及其影响，如朱春阳的《关于史量才与〈申报〉三个问题之思考与追问》[⑤]；或针对与报刊相关的事件进行剖析延展，如蒋含平的《苏报案的辩证与思考》[⑥]，程丽虹等的《从结构到解构："民呼""民吁"报案中的〈大清报律〉》[⑦]和《"〈警钟日报〉案"中的舆论角力》[⑧]；或关注新闻传播制度思想史，如孙旭培等的《法律是自由的"拯救者"——清末民初新闻自由评析》[⑨]，艾红红的《租界时空的"新闻自由"及其效应》[⑩]，以及邵志择的《治外法权与清末报律的制定》[⑪]。

还有少量论文从城市研究、空间研究视角展开传播学领域的论述，如孙玮的《作为媒介的外滩：上海现代性的发生与成长》[⑫]和《传播：编制关系网

---

① 张继木、曾宪明：《租界对中国民营报业影响论析》，《当代传播》，2008 年第 5 期，第 67~69 页。

② 赵建国：《报刊地理：广州租界与近代报刊（1827~1912）》，《新闻与传播研究》，2016 年第 1 期，第 58~70 页。

③ 赵建国：《地域文化中的媒介：西关文化与近代广州报刊（1827~1912）》，《暨南学报（哲学社会科学版）》，2015 年第 5 期，第 20~26 页。

④ 阳美燕：《英商在汉口创办的〈字林汗报〉（1893）——外人在华内地发行的第一份中文报纸》，《新闻与传播研究》，2008 年第 1 期，第 15~22 页。

⑤ 朱春阳：《关于史量才与〈申报〉三个问题之思考与追问》，《国际新闻界》，2008 年第 9 期，第 86~91 页。

⑥ 蒋含平：《苏报案的辩证与思考》，《新闻与传播研究》，2006 年第 3 期，第 20~28 页。

⑦ 程丽虹、刘泽达：《从结构到解构："民呼""民吁"报案中的〈大清报律〉》，《新闻记者》，2019 年第 2 期，第 72~80 页。

⑧ 程丽虹、刘泽达：《"〈警钟日报〉案"中的舆论角力》，《新闻记者》，2018 年第 2 期，第 14~21 页。

⑨ 孙旭培、殷莉、路鹏程、吴麟：《法律是自由的"拯救者"——清末民初新闻自由评析》，《新闻与传播评论》，2011 年卷，第 190~205 页。

⑩ 艾红红：《租界时空的"新闻自由"及其效应》，《当代传播》，2014 年第 1 期，第 104~106 页。

⑪ 邵志择：《治外法权与清末报律的制定》，《新闻与传播研究》，2016 年第 2 期，第 100~110 页。

⑫ 孙玮：《作为媒介的外滩：上海现代性的发生与成长》，《新闻大学》，2011 年第 4 期，第 67~77 页。

络——基于城市研究的分析》①,李静的《大众传媒中的石库门与上海人身份认同的历史变迁》②和汪苑菁的《发现城市:重构近代报刊史之城市与报刊关系》③,金庚星的《媒介的初现:上海火警中的旗灯、钟楼和电话》④,以及季凌霄的《"听"得见的城市:晚清上海的钟声与感官文化》⑤。

并有一些论文关注早期广播电台的建设和发展,如葛涛的《电波中的唱片之声——论民国时期上海广播唱片的社会境遇》⑥,张姚俊的《20 世纪 20 年代上海外商电台及其影响》⑦。

新闻传播学科中与租界有涉的 20 余篇博士论文,也多在以上研究视角和框架下展开。如张立勤的《1927~1937 年民营报业经营研究》⑧,汪幼海的《上海报业发展中的西方要素(1850~1937)》⑨,关梅的《论胡道静的新闻事件和新闻学研究》⑩,李文健的《记忆与想象:近代媒体的都市叙事》⑪,郭恩强的《重塑新闻共同体:新记〈大公报〉职业意识研究》⑫,李莉的《近代中国的媒

---

① 孙玮:《传播:编制关系网络——基于城市研究的分析》,《新闻大学》,2013 年第 3 期,第 1～12 页。

② 李静:《大众传媒中的石库门与上海人身份认同的历史变迁》,《新闻大学》,2004 年第 4 期,第 30～37 页。

③ 汪苑菁:《发现城市:重构近代报刊史之城市与报刊关系》,《国际新闻界》,2013 年第 5 期,第 137～144 页。

④ 金庚星:《媒介的初现:上海火警中的旗灯、钟楼和电话》,《新闻与传播研究》,2015 年第 12 期,第 62～80 页。

⑤ 季凌霄:《"听"得见的城市:晚清上海的钟声与感官文化》,《新闻与传播研究》,2019 年第 1 期,第 98～113 页。

⑥ 葛涛:《电波中的唱片之声——论民国时期上海广播唱片的社会境遇》,《史林》,2005 年第 5 期,第 53～61 页。

⑦ 张姚俊:《20 世纪 20 年代上海外商电台及其影响》,《都市文化研究》,2013 年第 1 期,第 281～295 页。

⑧ 张立勤:《1927～1937 年民营报业经营研究》,博士学位论文,复旦大学,2012 年。

⑨ 汪幼海:《上海报业发展中的西方要素(1850～1937)》,博士学位论文,复旦大学,2008 年。

⑩ 关梅:《论胡道静的新闻事件和新闻学研究》,博士学位论文,南京师范大学,2013 年。

⑪ 李文健:《记忆与想象:近代媒体的都市叙事》,博士学位论文,南开大学,2012 年。

⑫ 郭恩强:《重塑新闻共同体:新记〈大公报〉职业意识研究》,博士学位论文,复旦大学,2012 年。

介镜像:〈纽约时报〉驻华首席记者哈雷特·阿班中国报道研究(1927~
1940)》①,郑潇的《上海法租界传媒审查制度(1919~1943 年)》②等。也有学
者从媒介经营管理的角度关注在租界影响下上海早期电影产业的发展,如
许苏的《海派文化视野下的早期中国电影(1927~1937)》③,周洁的《上海民
营电影制片企业生产经营研究(1913~1937)》④,以及对早期媒介亚文化的
关注,如侯凯的《上海早期影迷文化史(1897~1937)》⑤。

　　有限的 200 余篇从文化角度切入的租界研究文献,多着眼于租界(地)
的特殊属性及其如何影响其所在城市的现代化进程,如租界史学研究代表
学者熊月之的《照明与文化:从油灯、蜡烛到电灯》⑥;或是关注殖民影响下城
市文化的具体特征及其影响,如周怡倩等的《租界文化对上海市民性格的影
响》⑦,梁伟锋的《论上海租界与租界文化》⑧,李永东的《租界文化的形态与特
征》⑨等。以上研究在历史背景中深刻剖析了租界内特殊文化的发生与演
进,并将其与所在地民族性格、社会心理等勾连,具有深刻启发性。熊月之
的论文《论近代上海作为中外利益共同体的意义》⑩从租界作为晚清内忧外
患交加的动荡时期"安全岛"的功能入手,点明了上海在中外交往中的特殊
意义,强调在"西强中弱、西主中辅"为特点的利益共同体中中国所获得的

　　① 李莉:《近代中国的媒介镜像:〈纽约时报〉驻华首席记者哈雷特·阿班中国报道研究(1927~
1940)》,博士学位论文,上海师范大学,2010 年。
　　② 郑潇:《上海法租界传媒审查制度(1919~1943 年)》,博士学位论文,上海大学,2015 年。
　　③ 许苏:《海派文化视野下的早期中国电影(1927~1937)》,博士学位论文,上海大学,2016 年。
　　④ 周洁:《上海民营电影制片企业生产经营研究(1913~1937)》,博士学位论文,上海社会科学院,
2018 年。
　　⑤ 侯凯:《上海早期影迷文化史(1897~1937)》,博士学位论文,上海大学,2015 年。
　　⑥ 熊月之:《照明与文化:从油灯、蜡烛到电灯》,《社会科学》,2003 年第 3 期,第 94~103 页。
　　⑦ 周怡倩、马尚龙:《租界文化对上海市民性格的影响》,《探索与争鸣》,2009 年第 12 期,第 109~
110 页。
　　⑧ 梁伟锋:《论上海租界与租界文化》,《江西社会科学》,2005 年第 3 期,第 36~40 页。
　　⑨ 李永东:《租界文化的形态与特征》,《河北学刊》,2006 年第 1 期,第 116~121 页。
　　⑩ 熊月之:《论近代上海作为中外利益共同体的意义》,《学术月刊》,2018 年第 6 期,第 133~145
页。

"巨大利益"，为租界研究提供了国际交往层面的宏观视野。罗桂林从社会文化史角度撰文《"地名战"：上海法租界街路命名的社会文化史》[①]，关注租界内多方势力角力中对话语权、文化领导权的争夺。侯庆斌的《晚清中外会审制度中华洋法官的法律素养与审判风格——以上海法租界会审公廨为例》[②]一文，将广义文化中的法律议题纳入考量，分析不同文化传统和法律制度对华洋法官的影响，以及由此产生的法律素养和职业行为风格差异。刘文楠的论文《"文化编码"之间的冲突、妥协与混杂：晚清上海租界的爆竹》[③]，从细微之处着手探讨文化与制度层面的中西碰撞与融合，是典型的新史学研究。

在这些研究成果的基础上，如何进一步突破对"租界文化"特征与影响的描述与评价，将其置于更广泛的视野中，作为整个中华文化对外交往的缩影去审视，在动态视角下对租界内文化生态变迁过程的深入剖析，以剥离表象，挖掘跨文化传播活动的影响因子，是后续研究的关切重点。

国外租界研究现状

扩大至全球范围，外国学者对上海租界的研究自开埠之时便已开始。如本书所反复强调的立场，中国融入世界是一个互动的过程，是文化的双向流动。中国走向世界，同时也意味着世界走近(进)中国。正如钱钟书先生所言："咱们开门走出去，正由于外面有人推门，敲门，撞门，甚至破门跳窗进来。"[④]从最初带着猎奇与寻宝之心漂洋过海踏上中国土地的旅行家、航海

---

　　①　罗桂林：《"地名战"：上海法租界街路命名的社会文化史》，《城市史研究》，2018 年第 2 期，第 259～281 页。

　　②　侯庆斌：《晚清中外会审制度中华洋法官的法律素养与审判风格——以上海法租界会审公廨为例》，《学术月刊》，2017 年第 1 期，第 165～176 页。

　　③　刘文楠：《"文化编码"之间的冲突、妥协与混杂：晚清上海租界的爆竹》，《史林》，2018 年第 1 期，第 1～9 页。

　　④　见钱钟书为钟叔河著《走向世界——近代知识分子考察西方的历史》所做序，《走向世界——近代知识分子考察西方的历史》，中华书局，2000 年，第 1 页。

家,到从零星至批量来华的传教士,以及举家迁入开展贸易活动的商人……
初把目光投向世界的中国人遭遇到的是外国人,特别是西方人同样讶异的
目光。他们怀揣各自的目标,用各自的文化背景解读着这个古老而神秘的
东方国度,观察着这片国土之上的芸芸众生,并撰写了大量文字资料以描述
见闻并传递给本国人民,留下了对于中国政治、经济、文化、社会生活和民族
性格等方面的记录和评论。在不平等的国际关系中,这些在中国生活多年
的传教士、外交官、教师、科学家、记者、作家、探险家、律师、商人等各行各业
形形色色的西方人的著述,通常带有不同程度的歧视和偏见色彩,但也不乏
具有深刻洞见之作,如卜舫济的《A Short History of Shanghai:Being an Ac-
count of the Growth and Development of the International Settlement》[1],英
国汉学家约·罗伯茨编著的《十九世纪西方人眼中的中国》[2],格朋、傅立德
的《上海法租界史》[3]等。正是通过这些西方观察者的著作,建立起了当时西
方世界关于中国的认知。而这种早期碎片式认知中的形象,又涂抹出今日
西方人心目中中国形象的底色,并在新的历史时期不断被跨文化交往实践
勾勒出新的图景。而熊月之、周武主编的《海外上海学》[4]则比较全面地反映
了英语世界海外上海学著作、论文和博士论文的情况。

　　另外,上海社科院历史所与上海古籍出版社合作推出的"上海史研究译
丛",也较集中地反映了第二次上海研究热潮中海外学者的研究成果。仅就
该议题英文文献而言,或关注上海租界的管理,如《The government of the
international settlement at Shanghai:a study in the politics of an interna-

---

　　① Pott. F. L. Hawks,《A Short History of Shanghai:Being an Account of the Growth and Develop-
ment of the International Settlement》,China Intercontinental Press,2008.
　　② [英]约·罗伯茨:《十九世纪西方人眼中的中国》,蒋重跃、刘林海译,时事出版社,1999 年。
　　③ [法]格朋、傅立德:《上海法租界史》,倪静兰译,上海社会科学出版社,2007 年。
　　④ 熊月之、周武编:《海外上海学》,上海古籍出版社,2004 年。

tional area》①；或论证租界在国际法方面的意义，如《The Status of the International Settlement at Shanghai》②；或从国际政治角度剖析上海租界，如《The International Settlement at Shanghai(1924～1934)》③；或考察租界与辛亥革命发生的关系，如《The French Settlement of Shanghai on the Eve of the Revolution of 1911》④；或研究作为公共空间的外滩的形成与影响，如《Shaping the bund,public spaces and planning process in the Shanghai International Settlement(1843～1943)》⑤，鲜有从文化关系的视角切入的研究。由此可见，国内外基于广阔的跨文化传播视阈下的租界专门研究尚不充分，留有很大空间。

2.1.2　跨文化传播研究的"去殖民化"

跨文化传播学的"血统"与"语境"

如前所述，跨文化传播活动是伴随着"殖民"和"征服"逐渐推进的，因此，这一领域的研究必然遭遇的问题就是如何看待这段"殖民史"。跨文化传播学因其文化人类学"血统"，诞生之初就被指具有"殖民主义"取向和"西方中心主义"立场。随着世界格局变迁和人类认知演进，这种偏狭视角屡受

① Thomson. John Seabury,《The government of the international settlement at Shanghai：a study in the politics of an international area》,Thesis (Ph. D.),Columbia University,1954.

② C. F. Fraser,《The Status of the International Settlement at Shanghai》,Journal of Comparative Legislation and International Law, Third Series, Vol. 21, No. 1(1939), pp. 38－53.

③ William W. Lockwood,Jr. ,《The International Settlement at Shanghai(1924～1934)》,The American Political Science Review, Vol. 28, No. 6(Dec. ,1934),pp. 1030－1046.

④ Sinclair. Michael Loy,《The French Settlement of Shanghai on the Eve of the Revolution of 1911》[D],Thesis (Ph. D.),Stanford University,1973.

⑤ Li. Y,Wang. W,《Shaping the bund,public spaces and planning process in the Shanghai International Settlement (1843－1943)》,The 14th Conference of the International Planning History Society (IPHS),Istanbul,Turkey,12－15 July 2010.

质疑。众多不平之声中,后殖民批判理论是最为重要的一支。深受后结构主义影响,从萨义德(Edward Waefie Said)(受福柯 Michel Foucault 影响)的《东方学/东方主义》①开始,到斯皮瓦克(Gayatri C. Spivak)(受德里达 Jacques Derrida 影响)的解构主义派②,以及霍米·K. 巴巴(Homi K. Bhabha)(受阿尔都塞 Louis Pierre Althusser 和拉康 Jacques Lacan 影响)的精神分析派③(此三人被合称为后殖民批判理论的"三剑客")……众多秉持这一理论立场的知识分子带着悲天悯人的情怀,猛烈批判帝国主义殖民扩张给殖民地带来的创痛,揭示殖民主义话语的语境化过程,并试图重现被遮蔽的被殖民民众的声音。中国学者姜飞用整本专著的篇幅强调跨文化传播学的"后殖民语境"。④

中国史实的特殊

针对后殖民时代作为跨文化传播语境的意义,姜飞指出,"历史上的殖民历程作为一种跨文化的传播历程,就是一种通过日常感知对教育、博物等传授结果进行颠覆的过程。当殖民主义话语从政治上征服了本土阶层后,它就试图从边缘话语的层面跃升为主流话语……不管殖民主义穿什么样的衣服,试图扮演什么样的角色,启蒙也好,解放也好,其实质都是一种不平等的跨文化传播,更确切地说是跨文化的殖民历程。"⑤

关切殖民地文化议题,在后殖民语境下实现去殖民化,是跨文化传播学发展的当代诉求。围绕这一议题的考察,最为著名的是以拉纳吉特·古哈(Ranajit Guha)、帕沙·查特吉(Partha Chatterjee)、萨义德·阿明(Shahid

---

① [美]爱德华·W. 萨义德:《东方学》,王宇根译,三联出版社,1999 年。

② A Critique of Postcolonial Reason:Toward a History of the Vanishing Present, Harvard University Press,1999.

③ 生安锋:《霍米·巴巴的后殖民理论研》,北京大学出版社,2011 年。

④⑤ 姜飞:《跨文化传播的后殖民语境》,中国人民大学出版社,2005 年。

Amin)、迪皮什・查克拉巴蒂(Dipesh Chakrabarty)、吉安・普拉卡什(Gyan Prakash)等人开创的"庶民研究",研究对象锁定于印度等殖民地国家(地区)。[①] 需要指出的是,不同于其他被殖民国家和地区,近代中国社会的半殖民地半封建性质决定了境内"租界"与其他殖民地的异质性。

此外,庶民研究小组的典型路径是"殖民—新殖民—后殖民—内部殖民"批判理论,这一话语体系强调宗主国对殖民地的强制性输出。这种单向度的叙事有意或无意地忽略了跨文化传播的交互性,隐匿了"文化涵化"发生过程中的复杂动因及被殖民地区文化的"主体性",也遮蔽了殖民地原生文化通过"租界"这一平台和通路对宗主国文化的浸染。因此,在清算殖民扩张的罪孽与肮脏,斩断新一轮殖民活动再袭的根基,警惕更为隐蔽方式下的沉渣泛起方面,后殖民理论视角是颇具启发性的。但是,在抵制殖民倾向、重现被遮蔽的"庶民"话语的同时,是否无意中又遮蔽了历史真相的另一面? 这也是本研究力图打破的模式,以期在尊重史实的前提下建构起双向互动的新叙事。在这一期待下,"接触地带"理论的提出是一项重要进展。

作为文化"接触地带"的租界

文化边界的清分远非民族国家物理疆界那般简单明晰,通常模糊交融,难以廓清。在文化传播过程中,即便相差悬殊的"强势文化"与"弱势文化"之间,也并非纯粹单向度的"输出"与"输入"。尽管霍米・巴巴的"文化杂种"(culture hybridity)理论[②]有过度解构之嫌,但仍深具启发性。即便带有明确殖民目的的文化传播活动,也无法确保其单向输出性。殖民地文化并

---

① 《庶民研究》的第 1~6 卷由拉纳吉特・古哈主编,从第七卷始由帕沙・查特吉(Partha Chatterjee)、萨义德・阿明(Shahid Amin)、迪皮什・查克拉巴蒂(Dipesh Chakrabarty)、吉安・普拉卡什(Gyan Prakash)等人轮流主编。

② 该理论认为,不同民族的文化无论优劣大小,总是呈现出一种"杂种"形态,文化交流的迅速和频繁,民族文化之间的杂交及由此引起的形变广泛而深刻,民族文化要保持自己的鲜明独特的民族性已成为不可能。详见姜飞:《跨文化传播的后殖民语境》,北京:中国人民大学出版社,2005 年,第 119 页。

非"沉默的客体",而是能动地参与其中,与"他者"形成互动。在我们谈论"西化的中国人"时,往往忽略了"汉化的西方人"的存在。基于这一认知,"东方主义"所牵涉的"自我"与"他者"、"主体"与"客体"之间的界线就变得模糊了。

关于异质文化间相遇、交往的空间问题,玛丽・路易・普拉特(Mary L. Pratt)提出了"接触区(contact area)"概念,将其描述为"殖民遭遇的空间,在地理和历史上分离的民族相互接触并建立持续关系的地带,通常涉及压制、极端的不平等和难以消除的冲突的状况"。[①] 同时,在殖民语境下,尽管"接触区"无法摆脱权力的操纵,但作为一个中介性区域,也展现出"双重疏离性":既与原生的自我社会相疏离,也与交往的他者社会相疏离。文化的接触区"并不仅仅是统治的地带,也是交流的地带,即便是不平等的交流,这便是跨文化行为(transculturation)[②]"。[③] 此处强调了"交流"的重要性,换言之,正是"接触区"的双重疏离性有助于促进文化传播的双向展开。

阿里夫・德里克(Arif Dirlik)将"接触区"概念引入东西方文化研究视野内,并结合萨义德的"东方学",进一步提出了"接触地带(contact zones)"概念。他认为"东方主义并非欧洲现代性的土产品",而是"接触地带的产物",源于殖民地内部的"自我东方化(self-orientalizing)"。德里克认为一方面自我东方化"最终将维持甚至巩固现存的权力形态";另一方面"不必夸大自我东方化,及其关于其他现代性的主张在反对内外霸权的斗争中可能起的作用。"他援引帕沙・查特吉(Partha Chatterji)的观点:"民族主义思想接受以东西方的区别为基础的同一种本质主义观念,接受由超验的研究主

---

① Mary L. Pratt. Imperial Eyes : Travel Writing and Transculturation. London & New York: Routledge,1992,pp. 4.

② Transculturation,此处译为"跨文化行为",另有译法为"文化互化"。

③ [美]阿里夫・德里克:《中国历史与东方主义问题》,陈永国译,罗钢、刘象愚编:《后殖民主义文化理论》,中国社会科学出版社,1999 年,第 89~90 页。

体所创造的同一种类型学,因而也接受在西方科学的后启蒙时代建构的同一种知识的客观化程序",认为自我东方化是一种本质化的类型学体现,而这种"自我本质化(self-essentization)"可用来动员反对"西方"统治的事业;但在这个过程中也通过内化东方主义的历史前提而巩固了"西方"的意识形态霸权,并通过压制国内的差异而促进了内部霸权。[①] 由此可见,德里克对自我东方化的态度是谨慎而乐观的,在揭示生产与巩固霸权过程的同时,也肯定了"接触地带"内自我东方化在民族主义营造和反殖民社会动员中的积极作用。

"接触地带"理论的提出对于重现被殖民国家和地区的文化主体性具有重要意义,也是跨文化传播学在后殖民语境下寻求去殖民化的重要理论突破。遗憾的是,自概念提出至今缺乏深度的概念阐释和体系化的理论发展。德里克仍停留在东方学框架下的谨慎试探。述及"接触区"或"接触地带"的国内外文献数量有限,或基于后殖民理论梳理展开哲学层面的文化身份反思[②],或具体处理跨文化传播个案,如移民的文化适应性[③]、文化交流视野下的影视剧作品[④]、新技术催生的跨文化传播方式及其效果等[⑤]。此类研究对"接触区"或"接触地带"的关注与使用不断拓展着这一理论在历史[⑥]与现实议题中的适用边界,不乏颇具洞见之作,但多为援引概念直接进行微观层面的应用,未曾对概念本身进行深入的内涵阐释,亦缺乏基于现实样本的理论检验与发展。

---

① [美]阿里夫·德里克:《中国历史与东方主义问题》,陈永国译,载罗钢、刘象愚编:《后殖民主义文化理论》,中国社会科学出版社,1999年,第90~91页。

② 卢兴、郑飞:《中国本土文化身份的反思与重构》,《江西社会科学》,2011年第4期,第46~49页。

③ Kelly Liang, Philippe Le Billon. African Migrants in China: Space, Race and Embodied Encounters in Guangzhou, China. Social and Cultural Geography, 2018(9).

④ 李新民:《"中间地带":文化交流视野下的张艺谋电影》,《南京理工大学学报(社会科学版)》,2008年第8期,第25~27页。

⑤ 刘婷:《新媒体"接触区"中MOOC跨文化传播方式的创新及启示》,《中国电化教育》,2015年第9期,第7~11页。

⑥ 潘皓:《清华学校:文化接触地带的考察》,《学术论坛》,2005年第9期,第164~167页。

　　"接触地带"是一个宽泛的概念,也是跨文化传播研究的关键所在。深入剖析"接触地带"的内涵,可归纳出四个必要层面:一是"接触性",即在这一地理空间内,不同文化之间直接相遇,发生实质性的交往和互动;二是"持续性",文化间的往来和变迁的发生不可一蹴而就,而是一个逐渐"涵化"的历时性过程;三是"疏离性",即与原生的自我社会和交往的他者社会双重疏离,双方的原生关系并非直接移植到这一空间,而是以此为基础并在交往过程中不断发生形变;四是"权力性",无论是殖民还是后殖民语境下,权力关系伴随跨文化传播过程始终,并衍生出霸权、抵抗、等级、动员等多元文化策略。

　　从以上四点出发,欲尝试将这一概念具象化,在跨文化传播史实中锁定一个具体样本,无论是典型性还是与概念的高度咬合性,"租界"都是不二之选。具体而言,首先,太平天国战事和小刀会起义之后,"华洋隔离"的格局被彻底打破,国内外移民不断涌入,前来经商和生活的外国侨民数量日益增长,顶峰时外侨国籍达 50 多个,人数逾 15 万。来自世界各地的外侨给上海带来了众多异域文化,提供了异质文化实质上的"接触性"空间。其次,五口通商以后,上海于 1845 年即辟设英租界,至 1943 年收回,是旧中国所有租界中设立最早,存在时间最长的。近百年的时间为不同文化间交往的深入性提供了必要的"持续性"保证。再次,上海租界面积最大时达 48 653 亩,在这个巨大的"试验场",多种社会治理模式的交叠,使得租界展现出既不同于殖民宗主国又迥异于晚清政府治下的中国其他土地的风貌,界内居民也形成了双重"疏离性"的心理诉求和文化属性,甚至催生了独具特色的文化形态。最后,由于原本的殖民色彩和"治外法权"等特殊制度的存在,晚清政府失去了对租界的控制权,主权旁落背景下,各群体、阶层均以寻求自身利益最大化为出发点,殖民与反抗、统治与革命、钳制与动员等对立矛盾错综复杂,"权力性"尽显。

此外，近代中国的半殖民地半封建性质，与后殖民学者普遍关注的印度等对象国（地区）存在诸多差异。一如学者胡成在《全球化语境与近代中国半殖民地问题的历史叙述》一文中所指出的，"近代中国半殖民地问题的研究最具世界性"。[①] 因此，本书通过在跨文化传播视阈下对中国（上海）被迫辟设租界所形成的"异质空间"的研究，可对"接触地带"的原初概念和目前尚未体系化的理论进行阐释与充实，甚至以中国本土经验与整个后殖民批判理论体系形成映照或碰撞，对原有理论进行验证或发展。

2.2　基于文化生态与文化变迁的研究框架

2.2.1　主体范式：文化生态研究

租界研究在历史学、政治学、法学、社会学、文学、传播学等多学科领域中均有所关涉。就跨文化传播研究而言，"异质空间"内不同文化间的交往涵盖多个层面，且相互之间并非彼此独立割裂，而是在逐渐演进过程中相互促进、相互影响的整体系统。基于此，生态学的视角颇具启发性，为研究的开展提供了一种可行框架。"文化生态学"是在生态学的基础上发展而来的。伴随人类迈进生态文明时代，生态学逐渐从一门独立的自然科学上升为一种世界观和方法论。生态学本身的整体性思维方式，具有相当意义上的普适性，因此被其他学科广泛借鉴和吸收，进而形成了媒介生态学、政治生态学、教育生态学、金融生态学、心理生态学等交叉学科，这些新兴学科围绕生态学中心铺展开来形成了一个学科群。文化生态学便是其中之一，是

---

　　① 胡成：《全球化语境与近代中国半殖民地问题的历史叙述》，刘东编：《中国学术（总第 13 辑）》，商务印书馆，2003 年，第 164 页。

将生态学的方法应用于文化研究的交叉学科,亦即将文化和环境(包括自然环境和社会环境)视为一个系统性整体,来观察其交互规律。在租界这一异质文化的"接触地带"内,文化交往持续发生,因其双重疏离性形成了一个与外界不断互动又具有相对独立性的文化生态系统。

国外文化生态理论积淀

早在 1377 年,《历史绪论》①的作者伊本·赫勒敦(Jbn Khaldun,1332～1406)便已提出"文化生态"这一概念,强调人类文化与周围环境的关系。② 然而,从概念问世到形成独立的学科体系,文化生态研究却经历了漫长的发展过程。国内外涉及文化生态问题的研究大多从文化人类学视角切入,并作为人类学研究的一个分支领域,早期以人类文化与其所处的环境之间的关系作为主要研究对象。

到了 20 世纪上半叶,美国一些人类学家,如弗兰兹·博厄斯(Franz Boas)和阿尔弗雷德·克罗伯(Alfred L. Kroeber)等,承袭厚重的欧美哲学传统,并深受进化论功能主义和环境决定论影响,同时开始接纳有关"超有机体"的文化特征和文化传播等思潮的影响,并尝试将这些多元的思想应用于研究实践。③ 他们在对以印第安人为代表的北美土著民族进行研究时,侧重考量文化形态与环境变量之间的联系,并在此基础上提出了文化的"环境决定论",认为环境因素直接决定人类社会文化特征,这种理论主张又称"人类地理学(anthrogeography)"。④ 伴随人类学的发展和研究方法的科学化,这种简单的判断不再足以支撑新的研究发现,故逐渐让位于有所保留的"可能

---

① [阿拉伯]伊本·赫勒敦:《历史绪论》,李振中译,宁夏人民出版社,2015 年。
② 冯天瑜:《文化生态学论纲》,《知识工程》,1990 年第 4 期,第 13 页。
③ 黄育馥:《20 世纪兴起的跨学科研究领域—文化生态学》,《国外社会科学》,1999 年第 6 期,第 19 页。
④ Geertz,C. 1963. Agricultural involution :The Press of Ecological Change in Indonesia. Berkeley and Los Angeles:University of California Press. pp. 1—2.

论(possibilisim)"，对环境影响文化加以限定。例如，博厄斯起初坚持"环境决定论"，后来通过对巴芬兰德的爱斯基摩人的考察，转而强调文化和环境相互作用的观点；克罗伯则认为地理因素应替代时间，将环境看作是人类文化演进过程中的主要因素，主张用"文化景观"来表达人类文化对景观的冲击。① 这些早期人类学家的主张解释力有限，但为文化生态学的萌发奠定了基础。

英国人类学家凯·弥尔顿(Kay Milton)指出，"学术界谋求解释人类文化的多样性、可能论却无能为力，加上人们深信环境对文化演变的影响绝不仅仅是设定了一些限制，这就引发了环境决定论的第二次热潮"，"文化生态学"应势而生。② 1955 年，师承克罗伯的美国人类学家、"新进化论"持有者斯图尔德(J. H. Steward)"提出应集中研究'文化内核'，认为特殊类型的生态决定了文化的特征"，③强调文化的"环境适应性"，主张用"文化生态学"作为解释工具研究具有地域特色的不同文化模式，④指出"文化生态学是就一个社会适应其环境的过程进行研究，它的主要问题是要确定这些适应是否引起内部的社会变迁或进化变革。"⑤凝聚斯图尔德这些观点的专著《文化变迁的理论》⑥的出版，被公认为是"文化生态学"正式诞生的标志。此后，文化生态学为越来越多的人类学家和生态学家所重视。20 世纪 60 年代末，三部重要的文化生态学著作相继问世，即罗伯特·内廷(Robert M. Netting)的《尼

---

　　① 徐建：《当代中国文化生态研究——基于文化哲学的视角》，博士学位论文，华东师范大学，2008年，第 2 页。

　　② [英]凯·弥尔顿：《多种生态学：人类学、文化与环境》，中国社会科学杂志社编：《人类学的趋势》，社科文献出版社，2000 年，第 36~40 页。

　　③ 黄育馥：《20 世纪兴起的跨学科研究—文化生态学》，《国外社会科学》，1999 年第 6 期，第 19 页。

　　④ [美]唐纳德·L. 哈迪斯蒂：《生态人类学》，郭凡、邹和译，文物出版社，2002 年，第 8 页。

　　⑤ [美]朱利安·H. 斯图尔特：《文化生态学》，《南方文物》，潘艳、陈洪波译，2007 年第 2 期，第 107页。

　　⑥ [美]朱利安·史徒华(斯图尔德的台湾译名)：《文化变迁的理论》(Theory of Culture Change: The Methodology of Multilinear Evolution)，张恭启译，中国台湾远流出版社，1989 年。

日利亚的山地农民》①,罗伊·拉帕波特(Roy A. Rappaport)的《献给祖先的猪:新几内亚一个民族的生态礼仪》②和约翰·贝内特(John W. Bennett)的《北方平原居民》③。他们属于第一代受斯图尔德影响的美国人类学家,也共同推动了文化生态学向一门独立学科迈进。④

国内文化生态学研究现状

在国内,文化生态学尚处于起步阶段,对国外既有成果的引进和本土化的研究实践都不充分。关涉文化生态研究议题的学科也仍局限于人类学、文化学和社会学等学科。概括而言,目前国内该领域的研究成果主要从以下两个层面展开。

一是学理探究。

首先,是对国外文化生态学的译介。这类成果以黄育馥 1999 年在《国外社会科学》上发表的论文《20 世纪兴起的跨学科研究领域——文化生态学》为代表。该文梳理了文化生态学的早期发展脉络和学科诞生,归纳了斯图尔德采用的研究方法:(1)用文献记录人类利用环境——即谋生——的技术和方法。(2)观察与利用环境有关的人类行为方式和文化。(3)提出这些行为方式在何种程度上影响文化的其他方面。分析了文化生态学初创时缺乏正式的原理、理论或方法论的缺陷,指出了在斯图尔德影响下其他学者的贡献以及文化生态学早期的影响,总结了早期的文化生态学所受到的批评。第一种批评认为早期文化生态学未能充分考虑到人对环境的影响,而这些

---

① Robert M. Netting. Hill Farmers of Nigeria, Ams Pr Inc, 1968.

② [美]罗伊·拉帕波特:《献给祖先的猪:新几内亚一个民族的生态礼仪》,赵玉燕译,商务印书馆, 2016 年。

③ John W. Bennett. Northern Plainsmen: Adaptive Strategy and Agrarian Life, Aldine Transaction, 2007.

④ 黄育馥:《20 世纪兴起的跨学科研究——文化生态学》,《国外社会科学》,1999 年第 6 期,第 20 页。

影响应被视为一个真正相互依存的自然—人类系统的组成部分;第二种批评是针对文化生态学研究的规模;第三种批评是文化生态学不仅需要研究过去,而且应该研究变迁。同时,文中还归纳了 20 世纪 90 年代以来文化生态学研究的发展趋势:(1)"媒体环境"概念在文化生态学中的运用。(2)文化生态学研究领域的扩展。(3)研究方法的调整。(4)文化生态学家构成状况的变化。①

其次,是对文化生态学研究对象的界定。如司马云杰在《文化社会学》中指出:"文化生态学是从人类生存的整个自然环境和社会环境中的各种因素交互作用研究文化产生、发展、变异规律的一种学说。"②梁渭雄、叶金宝在《文化生态与先进文化的发展》一文中提出"文化生态学是研究文化与环境的互动关系的理论,这里所说的环境包括影响文化生存发展的一切因素,大体上包括外环境和内环境。外环境如社会经济制度、政治制度和自然地理状况等;内环境是指文化范围内的各种不同文化,如不同民族、不同宗教、不同学派和不同地域的文化等。"③邓先瑞认为:"文化生态学是以人类在创造文化的过程中与环境的相互关系为对象的一门学科。"④王玉德在《生态文化与文化生态辨析》一文中指出:"文化生态学研究文化的生态背景、文化的多样性、文化的群落、文化的组成结构、文化的网络和链条、文化的变迁等。"⑤陈淳在《考古学文化与文化生态》一文中阐述了文化生态学的基本原理:(1)人类作为生物界的一员是整个自然界生命网络的一部分,但是人类并不像其他生物那样以自己的器官来适应环境。人类有超机体的文化因素,因此

---

① 黄育馥:《20 世纪兴起的跨学科研究——文化生态学》,《国外社会科学》,1999 年第 6 期,第 19~25 页。
② 司马云杰:《文化社会学》,山东人民出版社,1987 年,第 98 页。
③ 梁渭雄、叶金宝:《文化生态与先进文化的发展》,《学术研究》,2000 年第 11 期,第 5 页。
④ 邓先瑞:《试论文化生态及其研究意义》,《华中师范大学学报(人文社会科学版)》,2003 年第 1 期,第 95 页。
⑤ 王玉德:《生态文化与文化生态辨析》,《生态文化》,2003 年第 1 期,第 7 页。

文化会影响整个生命网络,也受制于这一网络。(2)人类的文化特征不是遗传的,因此它们的变化和关系不能从生物学角度来解释。(3)整个文化可以被看作是人类社会对特定环境相互作用的一种生存系统。构成文化的各种特征在生存系统适应中的作用是不同的。文化生态学主要是了解那些与环境作用关系最密切的文化特征。(4)原始文化的发展是缓慢的,但是经过长期的发展,不同环境中的文化可能会变得差异很大。这种变化主要是由技术和生存方式的重新适应所造成的。(5)一种新的技术和文化特征的价值取决于社会发展水平、文化功能以及环境条件的潜因。环境条件不但会促成,而且会阻止某些技术特征的采纳和传播。此外,拥有相同技术和文化特征的社会可能会因环境不同而导致不同的适应方式。(6)环境条件决定了原始社会的生存方式、群体大小和相互关系。[①]

此外,一些学者在借鉴国外研究成果的基础上,尝试对文化生态概念及其内涵进行解析和厘定。司马云杰认为,所谓文化生态系统,是指影响文化产生、发展的自然环境、科学技术、生计体制、社会组织及价值观念等变量构成的完整体系。它不只讲自然生态,而且讲文化与上述各种变量的共存关系。[②] 邓先瑞则指出:人类与其生活环境是一个不可分割的网络体,人类创造的文化是与其生存空间的环境及其变化相依相伴,"文化"与"生态"早已结缘,难舍难分,探明文化系统与生态环境系统的耦合关系,即是当今说的文化生态的内涵。人类赖以生存、文化得以生成的环境,不是单纯的自然因素,也不是单纯的社会、经济因素,而是自然背景下经过人类长期活动而形成的自然—社会—经济复合生态系统。揭示该复合生态系统与文化系统的关系是我们长期的任务。[③] 管宁认为:所谓文化生态,是指就某一区域范围中,受某种文化特质(这种文化特质是在特定的地理环境和历史传统及其发

---

① 陈淳:《考古学文化与文化生态》,《文物季刊》,1997 年第 4 期,第 91 页。
② 司马云杰:《文化社会学》,中国社会科学出版社,2001 年,第 153 页。
③ 邓先瑞:《试论文化生态及其研究意义》,《华中师范大学学报》,2003 年第 1 期,第 93 页。

展进程中形成)的影响,文化的诸要素之间相互关联、相互作用所呈现出的具有明显地域性特征的现实人文状况。[①] 以上这些论断着重强调文化生态系统的外部环境复合性。

随着生态学方法论的不断丰富和发展,人们对文化生态的观察和研究也不断深入。在此基础上,文化生态的概念和内涵更加立体、深刻起来。王玉德认为:"文化生态指文化的多样性、文化的链接,即在特定的文化地理环境内一切交互作用的文化体及其环境组成的功能整体。"[②]方李莉则指出,所谓"文化生态",除了有斯图尔德所提到的"文化生态"这一层含义之外,还有另一层含义,那就是以一种类似自然生态的概念,把人类文化的各个部分看成是一个相互作用的整体,而正是这样互相作用的方式才使得人类的文化历久不衰,导向平衡。[③] 还有许多学者都从这个角度探讨了文化生态的概念,认为构成文化生态主要有两个规定性:一是内部存在多样的文化类型和因素;二是多样性的文化类型与因素之间,及作为整体的文化生态系统与外部环境之间存在着有机联系。[④] 这些观点着重强调文化生态的动态系统性。综观这些关于文化生态概念及其内涵的研究成果,虽然表述各异,但其共性在于承认文化生态的复合性和系统性,将人类文化本身视为一个或多个动态变化中的生态系统,这实际上是以生态学的方法为指导,更为彻底地观照文化系统内外关系的结果,这也是本书所持立场所在。

二是实践应用。

一方面,相当多的学者借鉴布尔迪厄(Pierre Bourdieu)的"场域"理论,将文化生态看作是具体文化的"场"。如房默的博士论文《1927 至 1937 年上

---

① 管宁:《文化生态与现代文化理念之培育》,《教育评论》,2003 年第 3 期,第 8 页。
② 王玉德:《生态文化与文化生态辨析》,《生态文化》,2003 年第 1 期,第 7 页。
③ 方李莉:《文化生态失衡问题的提出》,《北京大学学报(哲学社会科学版)》,2001 年第 3 期,第105 页。
④ 马菁:《近十年来国内文化生态问题研究综述》,《湖南社会科学》,2011 年第 1 期,第 27 页。

海电影文化生态研究》,将 1927 至 1937 年间上海的文化生态作为电影文化的"场",分析社会语境、政治势力、市场处境和观影取向对上海电影文化生态的影响,并在此基础上分析上海电影对上海文化形态的建构作用。①

另一方面,一些作者对具体领域的生态问题进行了研究,并有一些专著和文章问世。如任凯等对"教育生态学"的关注②,刘京希基于政治生态的分析③;有学者研究艺术生态问题④;有学者关注网络语言的文化生态问题⑤;有学者关注该问题在语言学领域的应用,如在普通话与方言的使用过程中的文化生态问题⑥;还有一些学者提出全球化势态下弱势文化面临强势文化的冲击与侵蚀,应加强对民族文化生态的保护⑦。这些成果充分体现出文化生态在具体的、实际的问题上所具有的研究价值。

此外,也有一些立足宏观的研究。徐建从文化哲学的角度切入,将博士论文聚焦于当代中国文化生态,在文化生态理论基点上,探究中国文化生态的当代转型、文化生态格局失衡与调整、西方文化对我国文化生态格局的影响、文化生态理念视野下的文化和谐,以及文化生态建设的中国特色与世界眼光等问题。⑧ 当然,最为典型和集中的研究是从文化生态理论出发,对某一代表性区域或民族及其文化的观察,如俞万源等的论文《基于文化生态的

---

①　房默:《1927 至 1937 年上海电影文化生态研究》,博士学位论文,山东师范大学,2013 年。

②　任凯、白燕:《教育生态学》,辽宁教育出版社,1992 年;范国睿:《教育生态学》,人民教育出版社,2000 年。

③　刘京希:《政治生态论》,山东大学出版社,2007 年。

④　李峰:《当代艺术生态里的几个人与几个环节》,《东方艺术》,2007 年第 21 期,第 118~123 页。

⑤　王志涛、王立家:《网络语言与多元文化生态》,《山东理工大学学报(社会科学版)》,2005 年第 1 期,第 77~80 页。

⑥　何菁:《从普通话与方言之争看构建和谐文化生态》,《青年记者》,2007 年第 2 期,第 61~62 页。

⑦　黄泽:《试论民族文化的生态环境》,《广西民族研究》,1998 年第 2 期,第 63~69 期。

⑧　徐建:《当代中国文化生态研究——基于文化哲学的视角》,博士学位论文,华东师范大学,2008 年。

客家文化旅游开发研究》①,梅立乔的博士论文《晚清徽州文化生态研究》②等,成果颇丰,不胜枚举。

尽管我国文化生态学呈加速式发展,成果日渐丰硕,但仍存在一些不容忽视的问题:

第一,核心概念混淆。既有研究成果中,很多学者存在将"文化生态"和"生态文化"两个核心概念混淆使用的问题,或是只偏重"生态"的概念,忽略了"文化"一词的主体性地位。这种偏颇产生的思维根源在于只看到了影响文化的"自然环境",而忽视了"社会环境"的重要性。所谓文化生态强调的是把人类文化视为一个类似于生态系统的整体,以观察其性质、特征,以及与环境的互动关系。而生态文化则是文化的一个特定类型,"是有关生态的一种文化,即人民在认识生态、适应生态的过程中所创造的一切成果。"③二者具有完全不同的内涵和范畴,不可等同使用。

第二,局限于区域视野。既有研究多集中于在较小地理范围内进行观察或田野调查,只在对特定区域或特定民族文化的研究中使用文化生态理论,缺乏更为深邃的历史视野,以及更为广阔的宏观立场,尚未对文化生态理论普遍适用性和长久生命力进行深入的挖掘和探索。

第三,止步于现象分析。目前在文化生态研究中,大多成果属于现象研究,停留于"发现问题、分析问题、解决问题"的横断面式思维,缺乏以个案勾连历史社会全貌的宏观性、整体性、系统性分析,不利于普遍规律的发掘。

第四,停留于静态描述。既有研究大多聚焦于对某一时期文化生态系统及其影响环境的描述,属于静态的共时性分析,鲜有对该文化生态系统变迁过程的考察,缺乏动态的历时性分析观照。

---

　　① 俞万源、邱国锋、曾志军、肖明曦:《基于文化生态的客家文化旅游开发研究》,《经济地理》,2012年第7期,第172~176页。

　　② 梅立乔:《晚清徽州文化生态研究》,博士学位论文,苏州大学,2013年。

　　③ 高建明:《论生态文化与文化生态》,《系统辩证学学报》,2005年第7期,第83页。

这些问题都是在进一步的研究中需要规避和完善的。

2.2.2　补充视角:文化变迁研究

正如前文所述,文化生态研究的惯常范式难以观照更为宏观的结构性因素和动态过程,无法完全解决本书对上海租界文化生态变迁的研究意旨和问题假设。文化研究中的另一个重要取向——文化变迁研究,则因其对"过程"的强调,可以作为有效补充。

文化变迁研究以文化人类学为学科支撑,辐射历史学、心理学、传播学等多学科领域。美国学者克莱德·伍兹(Clyde M. Woods)在其专著《文化变迁》的导论中援用露易丝·史宾得勒(Louise Spindler)和乔治·史宾得勒(George Spindler)的观点,将文化变迁定义为"不论是一个民族内部发展的结果,还是两个具有不同生活方式的民族之间接触所引起的,在一个民族生活方式上发生的任何改变。"[①]这一简明的定义既揭示了文化变迁所指涉的内容,生活方式上的改变;又指出了引起文化变迁的原因,民族内部的发展或民族之间的接触。伍兹进一步指出,文化的变迁主要依靠"创新"来实现,而创新则包括四个基本变种,即变异、发现、发明和传播。[②]

根据伍兹的归纳,"在某种意义上可以说文化变迁是人类文化的本质属性之一",因此,"文化变迁"研究一直是文化研究中的重要课题。"以斯宾塞、泰勒、摩尔根、弗雷泽等人为代表的古典进化论派,以它那个时代的时代精神,开创了文化变迁的最初研究。"但是,由于视野和方法的局限,深受达尔文进化论影响而陷入单向线性思维的古典进化论派,越发展现出先验主义和绝对化倾向,为人所诟病。针对古典进化论派的缺陷,各种致力于文化

---

①② [美]克莱德·M. 伍兹:《文化变迁》,何瑞福译,河北人民出版社,1989 年,第 3 页,第 22～30页。

变迁研究的新学派不断涌现，相继衍生出传播学派、历史学派、功能学派，再到心理学派、文化相对论学派、新进化论学派等诸多分支，尽管侧重的角度与关切的议题互不相同，但共同建构起了文化变迁研究的理论大厦。①

与传播学关系最紧密的传播学派便是其中一支。尽管涵纳英国的"泛埃及主义"学派作为分支的传播学派所持观点具有相当的极端性，否认人类在文明和文化上的创造性。但是，由于传播学派重视传播的意义，强调传播活动在人类文化变迁中的重要作用，进而拓展了文化变迁研究的视野。该学派从"文化圈"这一核心概念出发，采用民族志等研究方法，全面观照文化传播的动态过程，力图从传播的角度重新梳理文化变迁历史，具有重要的启示意义。自此以后，建立在"安乐椅上的推理"基础上的宏大的阐述公式，逐渐被深入田野的一手资料收集所取代，从而在视角和方法上进一步将文化变迁研究向前推进。②而传播学派学者们从"文化圈"出发进一步提出的"文化丛""文化区"等用于解释文化样式分布与传播的概念，正与本书所尝试引入跨文化传播研究的"文化生态"这一关键词在本质上不谋而合。

2.3　方法论、方法与研究框架

2.3.1　方法论与方法

正如赖特·米尔斯(Charles Wright Mills)在《社会学的想象力》中所强调的，"要阐明和解决我们这个时代的任何一个主要问题，都需要从不止一个学科中选取材料、概念和方法。"③黄兴涛也在题为《文化史研究的再出发》

---

①② ［美］克莱德·M. 伍兹：《文化变迁》，何瑞福译，河北人民出版社，1989 年，第 1 页，第 21 页。
③　［美］赖特·米尔斯：《社会学的想象力》，陈强等译，三联书店，2001 年，第 143 页。

的专著序言中指出:以寻求过去的"真相"和"意义"自任的文化史学,需要从多学科知识的滋养和研讨碰撞中汲取资源与力量。文化史家只有不断保持对多科学知识的"开放",才有更多精彩"发现"的机会和深刻"呈现"的自由。① 置于上海租界文化生态这一本身就具有高度复杂性的历史议题研究中,更需要在不同的学科范式和方法论体系中寻求启示,以获得更具合理性和普适性的洞见,避免偏于一隅落入偏狭。以此认识为前提,系统论的整体性思维,新文化史范式对底层视角和区域经验的强调,以及历史人类学对"行走于历史的田野"的主张,都成为本研究汲取营养的方法论土壤。

系统论的原则:整体性、相关性、综合性和目的性②

自路德维希·贝塔朗菲(Ludwig Von Bertalanffy)于 1945 年在《德国哲学周刊》刊文论述"一般系统论"以来的近 70 年间,系统论已经成为各学科领域普遍承认与采纳的元方法论。贝塔朗菲从牛顿力学和热力学获得启示,以整体性作为核心概念,强调整体的功能不等于部分的简单叠加,而是由其部分的组合形式所决定,大于部分之和,整体的性质不同于各部分的性质。这是系统论作为一种具有跨学科穿透力方法论最重要的理论贡献。从最简原则出发,某种程度上可以说"系统理论就是整体性(systems theory is holistic)"。③ 这种对整体性"怎么都不过分"的强调,正契合了本书中将上海租界义化视为一个生态系统的研究前提,具有重要的建设性意义。同时,系统论格外强调事物之间的相关性,这与马克思辩证唯物主义哲学所强调的"事物是普遍联系的"具有相通之处。此外,系统论强调综合方法的运用。区别于传统方法将整体拆解成若干部分进行观察和研究,系统论主张在分别研究部分的基础上,寻找部分之间的关联,并借此获取对整体的正确

---

① 黄兴涛:《文化史的追寻:以近世中国为视阈》,中国人民大学出版社,2011 年,第 25 页。
② 陈永武:《略论系统论的方法论意义》,《求索》,1984 年第 1 期,第 76～78 页。
③ Everett Rogers, A History of Communication Study, New York: Free, 1994, pp. 407.

认知。

最后，系统论假定一切事物的存在、变化、发展都有规律可循，可以通过观察获知事物发展的趋势。① 从系统论的这些原则出发，作为一个整体性存在的上海租界文化生态系统，在社会主体和自然界之间存在着科技、经济、政治、媒介、舆论、日常生活和价值观念等诸多层次，这些不同层次的因素具有不同的特征，并有机组合在一起，同时与其他层次及社会主体之间不断互动互塑，形成既具有动态性，又具有相对稳定性的文化生态系统。因此，对这一整体性议题的把握，必须通过对构成上海租界文化生态系统的每个层次逐一拆解分析，再重新统合考量才能实现，从而揭示文化生态系统不断变动过程中所潜含的规律。

文化史的另类书写：底层视角与区域经验

20 世纪 70 年代以来，西方的历史研究在"解释类型"上发生了重要转向，英国著名社会文化史学者彼得·伯克(Peter Burke)将这种转向称为"叙事史的复兴"甚或"微观历史学"的兴起。② 与这种撰述方式的改变同时发生的，是文化史研究领域中的全面洗牌，宏观建构转向微观叙事，精英立场转向大众视角，整个史学界发生颠覆式革命，"新文化史"勃兴。许多新议题不断涌现，伯克将其归纳为七大类别，分别是"物质文化史，亦即饮食、服装、居所、家具及其他消费品如书的历史""身体史，它与性态史、性别史相联系""表象史，即对自我、民族及他人等的形象、想象及感知的历史""社会记忆史""政治文化史""语言社会史"和"行为社会史，其中范例是旅行史"。③ 这些类别使传统的史学研究向学科边界之外溢出，与社会学、语言学、人类学和传播学等学科发生交合，并"主张用文化而非政治、经济或社会的措辞来解

---

① 关于系统论的具体内容，见［奥］贝塔朗菲：《一般系统论》，秋同等译，社科文献出版社，1987 年。
②③ ［英］彼得·伯克：《西方新社会文化史》，刘华译，《历史教学问题》，2000 年第 4 期，第 25 页，第 26 页。

释一切"。① "昔日学科之林中曾经被那些更为成功的姐妹们瞧不起的灰姑娘……被重新发现"。②文化的重要性被前所未有地强调和凸显。

正如美国文化史学家林·亨特(Lynn Hunt)与同事合著的《历史的真相》中所言:新文化史的焦点是人类的心智。② 新文化史对日常生活的关注,以及对不同民族文化多样性的认知,激励着"自下而上"历史的研究和对底层社会弱势群体的关注,这正与 20 世纪各地风起云涌的争取民权和民主的社会运动高度契合。同时,新文化史打破"象牙塔"式的学术取向,力求通过扎实的田野调查和"深描",将研究结果用通俗化的方式呈现,扩展了受众范围和学术影响。这些转向对于填补被传统史学研究的宏大叙事所忽略的空白区域,揭示另一种历史的书写方式,是非常有意义的,对"底层视角"和"区域经验"的推崇也恰好契合了本书的研究期待。

历史人类学的启示:行走于"历史的田野"

历史人类学研究的开创者,著名人类学家萨林斯(Marshall Sahins)说:提及历史人类学,就是倡导这样一类人类学——它是一门广阔意义上的综合性学科。如果我们企图对此加以阐释的话,尽管其称历史人类学为一门学科,其文本所指仍然说明历史人类学是一种综合了多种学科方法与内容的研究方式,这种综合性的研究方式使历史人类学成为一门独特的学科。

20 世纪 70 年代,法国年鉴学派学者安德烈·比尔吉埃尔(André Burguière)对历史人类学研究提出了深入的理解,他认为,"以所用材料的类型来界定历史人类学"并不是一件合乎情理的事情,同样的材料可以是经济史、政治史或者是历史人类学的研究对象,只有当历史学家在处理这些材料时,进

---

①② [英]彼得·伯克:《西方新社会文化史》,刘华译,《历史教学问题》,2000 年第 4 期,第 28 页,第 1 页。

② 周兵:《林·亨特与新文化史》,《史林》,2007 年第 4 期,第 174 页。

行了人类学思考的研究,才能成为历史人类学。[①] 历史人类学并不具有特殊的领域,它相当于一种研究方式,这就是始终将作为考察对象的演进和对这种演进的反应联系起来,和由这种演进产生或改变的人类行为联系起来。[②]

在国内,也有学者持类似观点,认为历史人类学不是一个特殊的领域,而是一种研究方式、一种研究趋向。[③] 其中,历史学家吸纳人类学家的研究方法去做田野调查,目的是获得一种"文化体验",并透过这种体验去捕捉解读文献时所产生的"灵感",培养对历史过程的洞察力和问题意识。[④] 诚如陈春声所言,田野调查可以让学者们"努力从乡民的情感和立场出发去理解所见所闻的种种事件和现象,常常会有一种只可意会的文化体验,而这种体验又往往能带来新的学术思想的灵感"。[⑤] 文献中有些东西,不进入田野,我们根本没有办法读懂,去田野是为了获取"历史现场感",亦即桑兵所说的"走向历史现场"。[⑥] 而田野调查的另一个基础性目的是"搜集到极为丰富的民间文献",亦即收集到在图书馆、档案馆中难以读到听到的文献。[⑦] 以上观点论证了历史学界对于历史人类学意义的认知。

除此之外,对于历史人类学在历史研究中的启示意义,彭兆荣归纳出:一是获得一种认识和态度上的"疏远感"(estrangement)。[⑧] 尽管"早在几十年前,年鉴学派的历史学家就开始警告同行,要小心历史学者自己参与历史创造",历史的真相裹挟在纷繁复杂的迷雾之间,在处理千头万绪的海量史

　　①② [法]安德烈·比尔吉埃尔:《历史人类学》,勒高夫等编:《新史学》,姚蒙译,上海译文出版社1989年,第237页,第238页。
　　③ 赵世瑜:《历史人类学:在学科与非学科之间》,《历史研究》,2004年第4期,第2页。
　　④ 黄向春、郑振满:《社会、文化与国家——郑振满教授访谈录》,《中国社会历史评论》,第5辑,2007年1月。
　　⑤ 陈春声:《中国社会史研究必须重视田野调查》,《历史研究》,1993年第2期,第12页。
　　⑥ 黄国信、温春来、吴涛:《历史人类学与近代区域社会史研究》,《近代史研究》,2006年第5期,第49页。
　　⑦ 陈春声:《中国社会史研究必须重视田野调查》,《历史研究》,1993年第2期,第12页。
　　⑧ 彭兆荣:《边界的空隙:一个历史人类学的场域》,《思想战线》,2004年第1期,第102页。

料中,"以我们传统地将历史研究看成是对客观历史过程的复原的标准来衡量",很难摒弃预设立场和情感的影响而导致结论的偏颇。而人类学在研究"他者"和"异文化"过程中,"从来就与研究对象有一种地理与族群上的疏离感,正是这种疏离感,使人类学具有了观察者而不是活动者的优势。历史学家要更好地理解自己的历史,为了去除传统史学中的'中心'意志,跳出'文化本位主义',其实很有必要借助人类学者的这种疏离感。"①二是透过区域的整体去理解其历史发展的脉络。在田野调查过程中,一手资料和事实的获取可以让历史学者形成更为真实直观的经验,"并且从一个较小地理单元的经验事实出发,去理解中国社会的深层结构与内在脉络",用区域性经验,推而广之,达成对整体的全面理解,"从而把握住其历史发展的内在脉络,最后将其与整个中国传统社会的深层结构联系起来"。②

　　但是,需要注意的是,不同于人类学解决"地方性知识"建构过程的任务,历史学的本位问题或者说历史学的任务是解构整个中国文化的建构过程。③ 概言之,"历史学强调时间与过程,人类学注重空间与结构;历史学研究的地域范围可大可小,人类学一般研究较小的区域单元;历史学讲究史料的分析、考辨、排比与校释,人类学实现'参与体验',从田野中直接获得研究材料;历史学对实证有较大偏重,人类学则更关注理论进展。"④因此,历史人类学将二者的研究优势有机结合,有利于更准确地把握历史发展脉络。特别是对于上海租界这一特定区域历史的重新审视,必须摆脱时间和空间上的疆界束缚,聚焦问题本身,超越所谓"国家—地方""普遍性知识—地方性知识""大传统—小传统"之类的二元对立,在中国这个大一统体制维持了数

---

①②④ 黄国信、温春来、吴涛:《历史人类学与近代区域社会史研究》,《近代史研究》,2006 年第 5 期,第 49 页,第 50 页。

　　③　黄向春、郑振满:《社会、文化与国家——郑振满教授访谈录》,《中国社会历史评论》,第 5 辑,2007 年 1 月。

千年的国家,这类界限其实是相当模糊的。[①] 历史人类学的研究取向使得从一个较小地理单元的经验事实出发,去理解中国社会的深层结构与内在脉络成为可能。这正符合从租界管窥近代中外文化关系全貌的预期。

如前所述,历史人类学因其跨学科性和实用性,已得到学术界广泛认可,并付诸广泛的研究实践。历史人类学的理论和方法也日趋为史学界所认可与采纳。正如张佩国的观点,将人类学民族志方法纳入历史研究实践,存在两种进路:或者完全面对文献资料,做人类学的历史研究;或者面对当下,但将"过去"和"现在"融通起来,"在田野工作中做历史研究"。前两种民族志实践模式,可以概括为"历史民族志(ethnography of history)",后一种可以称为"历史的民族志(historical ethnography)"。[②]

关于这两种进路的差异,陈静认为,二者的内涵与外延呈现不同的研究取向与价值。这两种写作方式,将历时性与共时性作为交叉的基轴统一纳入文本写作之中,将"过去"与"当下"融入整体的历史予以建构。但"历史民族志"将时间空间化、历史场域化,在历史的时间维度上做田野行走;而"历史的民族志",更注重将时间维度嵌入空间的延展之中,在当下的田野中把握历史脉搏。[③] 西佛曼(Marilyn Silverman)和格里福(P. H. Gulliver)在专著《走进历史田野——历史人类学的爱尔兰史个案研究》中这样概括"历史民族志"研究方法:"使用档案资料以及相关的当地口述历史资料,描写和分析某个特定且可识别地点的民族一段过往的岁月。民族志可以是一般性的、涵盖那个时代社会生活的许多方面,或者,它也可以集中注意力于特定的题目,如社会生态、政治活动或宗教。这种民族志最后带领人类学家远离

---

　　① 　黄国信、温春来、吴涛:《历史人类学与近代区域社会史研究》,《近代史研究》,2006 年第 5 期,第59 页。

　　② 　张佩国:《历史活在当下——"历史的民族志"实践及其方法论》,《东方论坛》,2011 年第 5 期,第1 页。

　　③ 　陈静:《"历史民族志"与"历史的民族志"——民族志时间中的历史之纬》,《东方论坛》,2011 年第 5 期,第 1 页。

民族志的现在、自给自足的'群落'和稳定的'传统'这类根基久固但粗糙的设计和假设。"[①]

简言之,"历史的民族志"是倾向于在人类学研究中引入历史视野,而"历史民族志"则是在历史纵深间注重田野调查和民族志方法的应用。鉴于此,本书将历史民族志纳入视野,用于民间史料收集处理中的方法论指导,将其融入传统的历史分析方法的使用过程,注重"共时性"分析与"历时性"分析的结合,分别从官方(清政府、民国政府、殖民国政府及相关组织机构)文件、档案,民间组织机构文件、档案,公开出版物(书籍、期刊、报纸等),个人档案(著作、日记、回忆录等)等史料中寻找线索,并形成"三角互证",逼近历史真相。

需要明确的是,本议题对历史问题关涉极深,勾连特定时代背景下的整体国情和国际形势,无法仅通过民间史料形成完整证据链,必须大量使用官方史料形成立论。同时,由于整个研究有赖于对史料的处理与分析而推进,因此,本书从历史文献分析入手,结合个案分析,完成立论。

2.3.2　研究框架

跨文化传播学者孙英春运用"模式"作为理论工具来考察大众文化全球的传播范式,并在其专著中指出,"在社会科学研究中……特别是在传播学的发展史上,模式一直被视为一种重要的理论工具,在理论分析和经验研究中扮演了重要、直接的启发性的角色……"[②]"模式……能够帮助揭示系统结构间的次序及其相互关系,提供考虑问题的框架,使我们获得对事物的整体性认识";能用简单明确的方式提供一种"如果改用其他方法则可能相当复杂或含糊的信息""模式具有启发功能,能引导研究者关注某一过程或系统

---

①　[英]西佛曼、格里福:《走进历史田野——历史人类学的爱尔兰史个案研究》,贾士蘅译,麦田出版股份有限公司,1999 年,第 25~26 页。

②　孙英春:《大众文化:全球传播的范式》,中国传媒大学出版社,2005 年,第 70 页。

的核心环节""模式具有预测功能,可能对事件的过程或结果进行预测,并帮助研究者建立其假说"。[①] 这给需要处理纷繁复杂的历史资料和文化传播事实,并从中抽象出简明有力规律的本研究提供了最直接的启发。

文化生态学者普遍认为,影响社会文化的环境可分为自然环境和社会环境两种类型,社会环境又可依次分为科学技术、经济体制、社会组织和价值观念等四个层次。其中,科学技术最趋近于自然环境的特征,价值观念则居于最接近社会主体的核心一环,各层级之间都存在着塑造与反塑造的交互作用。据此可以绘制出文化生态的结构模式,如图2—1所示。

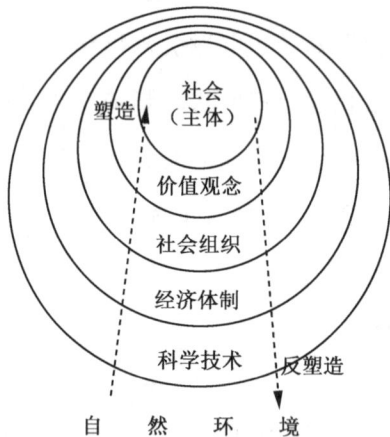

图2—1 文化生态结构模式

当然,任何模式都无法做到放诸四海皆准,正如丹尼斯·麦奎尔(Denis McQuail)等指出的,"适用于一切目的和一切分析层次的模式无疑是不存在的",要"针对自己的目的去先选择正确的模式"。[②] 鉴于"模式不可避免地具有不完整、过分简单以及含有某些未被阐明的假设等缺陷"[③] 和模式的选择

---

① [美]沃纳·赛佛林、小詹姆斯·坦卡德:《传播理论:起源、方法与应用》,郭镇之等译,华夏出版社,2000年,第57页。

②③ [英]丹尼斯·麦奎尔等:《大众传播模式论》,祝建华等译,上海译文出版社,1987年,第4页。

问题,孙英春引入马克斯·韦伯(Max Weber)的"理想类型"(ideal type)①概念,并指出:"在当代社会科学研究中,理想类型主要是一种抽象理论的概念结构,用以反映社会现象的实质和根本,帮助研究者厘定理论的概念结构,确立理论研究的前提,从而帮助人们更好地了解和解释社会现象。"②据此,为在"上海租界的文化生态变迁"这一核心议题研究中,得出一个具有建设性和启发性的阐释框架,本书以普遍意义上的文化生态系统结构模式为蓝本,结合上海租界史实和具体实践,得出上海租界文化生态系统结构模式,并将其中围绕社会主体运行的环境因素归纳为跨文化传播空间、西学东渐、政治环境、价值观念与生活风尚及身份认同等五个圈层,如图 2—2 所示。其中,跨文化传播空间处于外围圈层,西学东渐和政治环境处于中间圈层,价值观念与生活风尚及身份认同则居于核心圈层。全书内容也依此框架逐层展开。

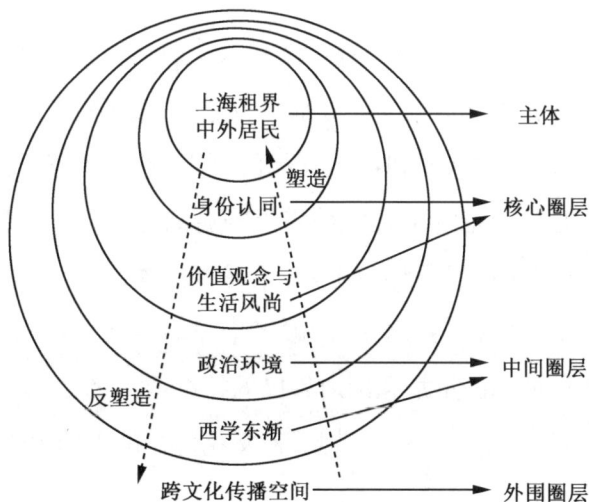

图 2—2　上海租界文化生态结构模式

---

①　"理想类型"的主要功用在于"确立了文化科学某一种研究的视野……为人们提供了选择材料,寻求实在自身的因果或其他联系提供了一个图式"。见韩水法:《韦伯社会科学方法论概论》,[德]马克斯·韦伯:《社会科学方法论》,韩水法等译,中央编译出版社,1999 年,第 18 页。

②　孙英春:《大众文化:全球传播的范式》,中国传媒大学出版社,2005 年,第 79 页。

第3章 外围圈层:租界辟设与传播空间的拓展

　　上海以其优良的自然地理环境、便利的交通运输条件和充分的历史发展积淀,被急于开拓海外市场的西方殖民者选中,意欲将其开辟为在华活动的据点。清政府的腐败软弱和地方官员的办事不力,使英租界在上海首开先例,并产生明显的示范效应,法、美租界随后划定。西方殖民者在不断膨胀的欲望驱使下屡次拓展租界范围,并千方百计攫取"治外法权"。太平天国进攻上海和小刀会起义的爆发,冲破了华洋隔离疆界,形成独特的"异质空间"。来沪外商的不断增加和国内移民的持续涌入,为跨文化传播实践提供了作为潜在主体的基层民众。借此,跨文化传播的空间得以拓展,语境得以建构。

3.1 天然规定性与历史前情

3.1.1 天然规定性：上海的自然环境与发展积淀

上海位于太平洋西岸，亚洲大陆东部沿海，地处长江入海口南岸，东临大海，南临杭州湾，水文条件优越，是由长江、钱塘江和吴淞江（即苏州河）等河流所携带的泥沙经年不断地淤积所形成的三角洲冲积平原的一部分。

上海的航运条件非常发达。一方面，如前所述，上海是诸多江河的汇集之处，自然形成连通江南和长江流域的内河水网，漕运条件极佳，且腹地广阔；另一方面，上海位于整个中国海岸线的中心点，通过太平洋与世界连通，且地处亚热带季风气候控制之下，海面常年不冻，台风影响也较小，形成优良的海运条件。这种自然环境和地理条件的优势，使得上海成为沟通中国东西南北各地，以及中国与世界往来的重要港口。

目前坊间有一种说法，认为上海开埠前就是一个名不见经传的"小渔村"。这种观点流传甚广，但并不符合历史事实。据考古证据表明，上海最古老的原始文化遗址是位于青浦崧泽的马家浜文化，距今大约有 6 000 余年。稍晚于马家浜文化的松江广富林遗址距今也有 4 000 余年，属于比较典型的移民农耕文化类型。上海地区于公元 751 年（唐天宝十年）便已设置华亭县，辖吴淞江以南，嘉兴东部、海盐北部和昆山南部等区域。公元 1277 年（元十四年）升格为华亭府，次年更名为松江府。吴淞江以北则于公元 1218 年（南宋嘉定十年）设嘉定县，后又分出独立的宝山县。长江口一带的沙洲地区则早在公元 907 年左右（五代初期）即设崇明镇，公元 1277 年升格为崇明州，公元 1369 年（明洪武二年）更名为崇明县。据记载，上海得名于黄浦江西的"上海浦",因得天独厚的自然地理条件,至唐宋时期逐渐发展为较发达的水运港口,并于公元1265～1274年(南宋咸淳年间)设立上海镇。公元1292年(元二十九年),上海县设立,地括高昌、长人、北亭、海隅、新江5个乡,并作为一个县级行政区,与华亭县并列归属松江府管辖。但是,直至公元1553年(明嘉靖三十二年),明政府才因抵抗倭寇来犯之需修建起城墙,如图3—1所示①。公元1685年(清康熙二十四年),上海设立海关,称"江海关"。明清时期,上海地区已经发展成为物产丰饶、交通畅达、文化繁荣的江南重镇,是重要的商品交易市场和贸易集散地。至晚清政府被英国等殖民者用坚船利炮打开国门,旋即被迫"五口通商"之时,上海居住人口已达50多万。②

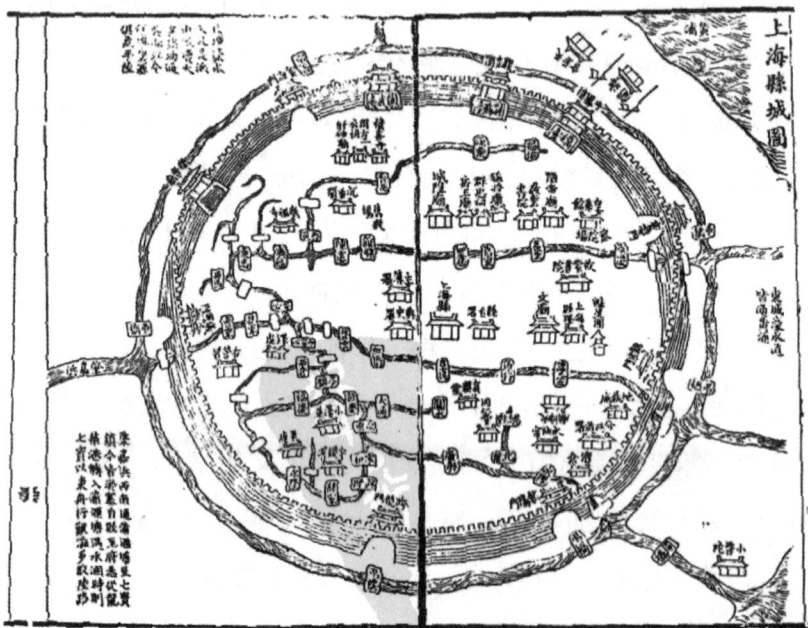

图3—1　上海县城图

---

① 王大同:《上海县志》,清嘉庆19年(1814年)。
② 沈金根:《1855年上海英租界地图》,上海城市规划,2002年第3期,第37页。

3.1.2　历史前情(1)：上海开埠与英租界的辟设

五口通商与上海开埠

鸦片战争爆发以前,英国便对中国沿海地区觊觎已久,并不断向清政府提出要求,意欲在广州附近或舟山群岛之中开辟澳门式的居留区域。[①] 鸦片战争爆发之初,志得意满的英国政府便将目光锁定于广州、福州、厦门、宁波、上海五个沿海城市,力图以战争方式胁迫清政府将这五处开放为通商口岸,并准许英国人"自由居住,不受限制"。[②] 面对败局,清政府擢令耆英等人作为代表与英国磋商,但并未对英国之要求全盘接受。针对英国人在通商口岸"自由择基,建造夷馆"的要求,耆英等人认为英国人"所欲住之地,皆系市廛,断难任其自择,坚持未许"。[③] 因此,1842 年 8 月,在中英鸦片战争中战败的清政府被迫签署的《南京条约》中,虽写明"自今以后,大皇帝恩准英国人民带同所属家眷,寄居大清沿海之广州、福州、厦门、宁波、上海五处港口,贸易通商无碍",但并未列出有关英商居留地问题的明确条款。[④] 英方代表璞鼎查(Henry Pottinger)等人不肯就此罢休,为推进相关事宜,同年 12 月,璞鼎查任命巴富尔(George Balfour)作为首任英国驻上海领事,开始在上海考察定居地。

经双方多番磋商,1843 年 10 月,作为《南京条约》的补充,中英《五口通商附粘善后条款》签订,此约又称《虎门条约》,规定:"在万年合约(指《南京

---

① 费城康:《中国租界史》,上海社会科学院出版社,1991 年,第 10 页。

② 英国国家档案馆藏外交部档案,1840 年 2 月 20 日,《巴麦尊致懿律和义律训令第 3 号附件》,《近代史资料》,1958 年第 4 期,第 72 页。

③ 《筹办夷务始末》(道光朝),中华书局 1964 年,第 5 册,第 2740 页。

④ 王铁崖编:《中外旧约章汇编》第 1 册(1689～1901),三联书店,1957 年版(1982 年重印本),第 31 页。

条约》)内言明,允准英人携眷赴广州、福州、厦门、宁波、上海五港口居住,不相欺侮,不加拘制。但中华地方官必须与英国管事官各就地方民情,议定于何地方、用何房屋及基地,系准英人租赁;其租价必照五港口之现在所值高低为准,务求平允,华民不许勒索,英商不许强租。英国管事官每年以英人或建屋若干间,或租屋若干所,通报地方官,转报立案。"①该条约内容体现了清政府在磋商中所取得的对来华英商一定的限制权,在这基础上,道光皇帝下旨相关官员在磋商中继续此主张,"议定界址时,切再与切实要约⋯⋯不准稍留罅隙"。②

首开先例的英租界划定

1843 年 11 月,趁上海正式开埠之际,巴富尔赴沪与时任"分巡苏松太兵备道"(俗称为"上海道")③的宫慕久磋商英国人居留地界址和范围问题。尽管当时中英双方尚未就租地问题达成一致,但一位姚姓商人主动联系巴富尔,提出有房屋可以出租供选。巴富尔见有机可乘,随即告知宫慕久已有地可租,并通知当时居留上海的英国人领事馆成立。此后,又陆续有商人以高价将房屋出租给英商。宫慕久一方面苦于上海开埠以后来华的英国人与本国民众混居所导致的日趋频繁的摩擦,另一方面无法同意巴富尔所提出的土地要求,双方分歧明显,争执不下。

直至 1845 年 11 月,双方达成协议《上海租地章程》(又称《土地章程》《地皮章程》等),并以告示的形式公之于众。《章程》共 23 条,写明:"查照条约,就上海地势民情,前经议定:杨泾浜(后多写作洋泾浜,即今延安东路)以北、李家厂(今北京东路)以南地基,租给英商建房居住。兹将所宜遵行者,由本道会同贵管事官,酌议数条,并列于后。"④总面积约 830 亩⑤,这也是上海开

① 王铁崖编:《中外旧约章汇编》第 1 册(1689—1901),三联书店,1957 年版(1982 年重印本),第 35 页。
②③《筹办夷务始末》(道光朝),中华书局 1964 年,第 5 册,第 2783 页,第 2786 页。
④⑤ 史梅定编:《上海租界志》,上海社会科学院出版社,2001 年,第 683 页,第 27 页。

辟的第一块租界。

1846 年 9 月,双方又就英国人租地的东、西界达成协议,东以黄浦江为界,西则依界路(今河南中路)划定,同时北界扩展至吴淞江(即苏州河)。至此,英国人在上海的租界四至划定,总面积约 1 080 亩[1],在沪外侨已达 120 人[2]。清政府委曲求全,换取了"华洋隔离"下的暂时安稳。英国人则如愿以偿,以半强迫的方式"租借"到了大面积的房屋土地,作为在华从事商贸、传教等殖民活动的落脚点,并获得了居留区市政建设、管理和实质控制权。尽管如此,但该章程仍"确认并反复承认华人为土地主人"。[3]

3.1.3　历史前情(2):英租界初扩与法、美租界辟设

英租界的第一次扩张

英商在上海租地范围的划定并未满足英国殖民者日益膨胀的欲望。伴随来华经商、传教、旅行的外侨人数不断增多,需求不断扩大,英国政府开始谋划在沪权益的进一步扩展。1846 年 8 月,阿礼国(Rutherford Alcock)接替巴富尔担任第二任英国驻上海领事,着手处理扩界之事。"青浦教案"为他提供了借口。开埠初期,清政府对传教士的活动范围限制较为严格,规定"外国人概不准赴内地传教""外人行走之地,以一日往还为断,不得在外过夜"。[4] 1848 年 3 月,上海伦敦会的传教士麦都思(Walter Henry Medhurst)、雒魏林(William Lockhart)、慕维廉(William Muirhead)三人违反此规定,擅自进入距上海 45 公里的青浦县传教,未能按时回城,且在散发布道宣传册时因港口水手和村民争抢,传教士混乱中用手杖打伤水手,引起华民

---

① 汤志钧编:《近代上海大事记》,上海辞书出版社,1989 年,第 27 页。

② 史梅定编:《上海租界志》,上海社会科学院出版社,2001 年,第 683 页,第 27 页。

③ 蒯世勋等编:《上海公共租界史稿》,上海人民出版社,1980 年,第 316 页。

④ 顾长声:《传教士与近代中国》,上海人民出版社,1981 年,第 56 页,第 142 页。

不满与围困,引起冲突。

青浦县令金镕闻讯,为避免事件升级,旋即派衙役制止并护送三名传教士回城,并禀报上级官员。阿礼国借题发挥,拒绝按规定支付关税,并派英军封锁漕运码头,扣押原定北上的中国运粮船只,同时派遣军舰赴南京要挟两江总督严惩"凶犯",索取赔偿。迫于英方压力,清政府将处理此事"原欠紧速"的时任上海道台咸龄革职查办,并派遣候补道员吴健彰代理上海道,同时将十名水手(其中八名在事发时根本不在现场)施以杖责、发配充军或支付银两作为对传教士的补偿等刑罚。

然而,事件并未就此平息。在清政府的再三退让之下,阿礼国顺势提出扩张英国在沪租界范围的要求。于是,1848 年 11 月,在阿礼国的胁迫下,新任上海道台麟桂与其签订了新的协议,将英租界西缘界限扩展到泥城浜(今西藏中路)。经过这次扩张,上海英租界总面积已达 2 820 亩。①

法租界的辟设

英租界四至划定不久,法国人便不甘落后,开始筹谋划界之事。1848 年 1 月,敏体尼(Louis Charles Nicolas Maximilien de Montigny)作为法国第一任驻上海领事赴沪上任,并与在沪法国传教士着手为成立领事馆租赁房屋土地。同年 7 月,敏体尼向上海地方政府正式提出租地建房的主张,要求将上海县城以北,洋泾浜以南的地区租给法国,并提出在此区域内法国人应享有英人在英租界的一切特权。这一主张让清朝官员始料未及,他们最初想法是将英国开辟的租界作为所有来沪外侨的居住地,但《租地章程》中又写明"别国商民要在英人租地内租地租屋需先征得英国领事许可"。②

此时,在"青浦教案"中被咄咄逼人的阿礼国胁迫得步步后退的清政府,

---

① 史梅定编:《上海租界志》,上海社会科学院出版社,2001 年,第 28 页。
② 费城康:《中国租界史》,上海社会科学院出版社,1991 年,第 17 页。

已不敢再向英国领事馆提出将英租界与法国人共享的主张，而面对法国领事的要求也同样不敢怠慢。于是，在敏体尼的威胁和催促之下，初上任就被迫满足阿礼国扩张英租界要求的上海道台麟桂，又被迫答应了法国另辟租界的主张。双方经过数月的交涉，于 1849 年达成协议，并也以公告的形式宣布，南以上海北城门外的护城河为界，北达洋泾浜，东到广东潮州会馆沿河直至洋泾浜东角，西则以关帝庙、褚家桥一线为界的区域，面积共计 986 亩，作为法国人的租地，且赋予法国人与英国人在其租界同等的特权。① 又因中法《黄埔条约》中规定，对于法国人在五个通商口岸的"房屋间数、地段宽广"不予限制，故该公告关于法租界的范围问题写明"倘若地方不够，日后再议别地，随至随议"。② 这些条款赋予了法租界扩张的合理性与合法性，为日后更加严峻的形势埋下了隐患。而英法两国分别在上海各辟租界的行为，也进一步激发了其他国家殖民者的欲望。

美租界的圈占

中美《望厦条约》中关于美国在华享有最惠国待遇的条款，赋予美国与英、法两国同等的特权。最初抵沪的美国商人、传教士等均落脚在英租界。其实，美国人由于担心英、法两国在上海各辟租界并享有专管权，会妨碍美国在上海的利益，因此并不支持英、法两国的立场和做法。③ 美国第一任驻上海领事，昌旗洋行职员吴利国（Henry G. Wolcott）（1846 年上任，署理）及其继任者祈理蕴（John N. A. Griswold）（1848 年 12 月上任）、金能亨（Edward Cunningham）（1852 年 2 月上任）都曾因在英国租界区升起美国国旗而与英、法方面发生摩擦，直接挑战了英、法对租界的专管权。

然而，由于事实既成，秉持"利益均沾"立场的美国人也开始行动。与

---

①② 吴馨等修，姚文楠纂：《民国上海县志》，1936 年刊本，第 14 卷，第 3 页。

③ ［美］泰勒·丹涅特：《美国人在东亚》，姚曾廙译，商务印书馆，1959 年，第 175 页。

英、法两国由领事出面协商的方式不同,美国租界的划定是以另一种方式实现的。1845年,美国圣公会主教文惠廉(William Jones Boone)带领传教士们抵达上海,在苏州河北岸的虹口地区以低廉的价格租下大片土地,并兴建教堂与房屋,同时向代理上海道台吴健彰提出将这片区域划为美国居住区。经过交涉,吴健彰应允了文惠廉的要求,但由于文惠廉作为主教而非美国官方代表的身份,双方并未签订正式协议,此区域的具体边界也未详议。直到1854年2月,第一任美国官方驻上海领事马辉(Robert C. Murphy)抵沪后,才将美国领事馆正式迁址至此前吴健彰应允的虹口地区。由于该地区较为偏僻,发达程度远不及英、法租界,因此也被称为"租界中的灰姑娘"。[1]

英、法、美在沪租界的先后辟设,给清政府在上海的主导权打开了缺口。这一方面是由于国力对比过于悬殊,且在鸦片战争中战败的大清被迫签订的一系列不平等条约,为事件的发生埋下伏笔;另一方面,也归咎于清政府的腐败软弱和上海地方官员的处理不当、一再退让,同时开埠通商的广州、福州、厦门、宁波,彼时均未出现上海租界这种外国官商盘踞整片土地并在此范围内享有专权的居留形态。

3.2   租界的扩张与治外法权的攫取

3.2.1   战乱频发的时代契机

太平天国运动

既有的租界并不能满足来华殖民者不断膨胀的野心和需求,他们时刻

---

    ①   F. L. Hawks Pott, A Short History of Shanghai: Being an Account of the Growth and Development of the International Settlement, Beijing: China Intercontinental Press, 2008, pp. 64.

伺机谋求更广阔的土地和更大的权力。太平天国运动的爆发正提供了如此契机。1853 年,金田起义之后迅速集结的太平军一路攻克南京,并继续东进占领镇江,直逼上海。迅速蔓延的战事和太平军对"洋人"的仇视态度引起外商的极度恐慌,他们"不安地注视着这次进展如此迅速的暴动"。[①]吴健彰恐军力不足防御不利,特向船坚炮利的在沪居留外侨求援"平叛"。但英、法、美三国出于自身利益考虑,恐"引火烧身",拒绝了他的请求,宣布中立,并将租界划为"中立区",禁止太平军和清军进入。为防止战乱蔓延到租界区,阿礼国、金能亨两人召集包括领事、海军、商人等在内的英、美侨民开会商议抵抗之事,决定成立"义勇队"(即 Shanghai Local Volunteer Corps),修筑防御工事,保护租界外侨,并成立由五人组成的"协防委员会",不久后法国也应邀加入。

上海小刀会起义

正当太平天国运动如火如荼之际,上海爆发了"小刀会"起义。"小刀会"成立于 1849 年,原属福建厦门的一个民间秘密组织,其成员一部分源于"天地会",另一部分来自"白莲教"。1851 年,小刀会传到上海,属于前者。在太平天国运动的带领和示范效应下,上海地区反清运动波澜狂起。他们以惩治贪官污吏,推翻腐朽清廷为目标,发动群众抗粮抗捐,攻占府衙。1853 年 9 月,上海小刀会领袖刘丽川、潘启亮,与福建小刀会领袖李咸池、陈阿林等联手,在上海发动起义,并迅速占领上海县城。上海知县袁祖德被击毙,署理上海道台吴健彰逃入外侨租界内寻求避难。此后,起义军力量迅速壮大,并向郊区蔓延。1854 年 4 月,为镇压小刀会起义而驻扎在英租界范围内护城河以西的清军,与认为自身利益受到威胁的英、美驻军及"义勇队"发

---

① 〔法〕梅朋(C. B. Maybon)、傅立德(J. Fredet):《上海法租界史》,倪静兰译,上海译文出版社,1983 年,第 56 页。

生冲突,爆发了"泥城之战"。① 清军在这场战斗中损失惨重,被迫撤出租界区。此时,租界外侨的利益取向已表露无遗。

3.2.2　租界特权的伺机扩张

1854 年《土地章程》②

武力的征服不能使殖民者满足。在太平军和小刀会的威胁下,他们更加渴望用法规的形式确认既得利益,为租界的扩张寻求合法性。于是,1854年 7 月,英、法、美三国领事擅自修改了 1845 年《租地章程》的条款内容,并绕开与清政府的协商,召集全体外侨大会以商议新的《土地章程》事宜。会上,英领事阿礼国还动员外侨成立市政机构以谋求自治。在他的煽动下,大会通过了新章程的内容,并经由三国公使批准后便直接对外公布,直到条款付诸实施才将文本告知上海道台。

新《土地章程》规定,"三国租地实行行政统一,界内侨民可选派由三名或三名以上成员组成的委员会,负责征收捐税,并可建立警卫或警察武装。"③据此,外侨成立了"行政委员会"(即 Executive Committee,后更名为"市政委员会",即 Municipal Council),负责诸行政事务的统辖与管理,并选举出第一届董事会,由七名董事构成。由于该委员会的职能与清政府所设"工部"类似(在清政府的官僚机构设置中,工部掌管各项工程、工匠、屯田、水利、交通等政令),因此也被当时的中国人称为"工部局"。④此外,外侨租界

---

① 外侨"义勇军"在修筑防御工事时,开挖了一条壕沟,以连通洋泾浜与苏州河,作为英租界西界的"护界河",后被称为"泥城浜。"
② 为区别于 1845 年的《租地章程》,此处称为 1854 年《土地章程》。
③④ 费城康:《中国租界史》,上海社会科学院出版,1991 年,第 20 页。

内还设立了警察武装机构,被中国居民称为"巡捕"。① 此时,清政府在实质上已完全丧失了对租界区的管辖权。上海租界完全自治的"国中之国"形态基本形成,并对其他四个通商口岸的外国殖民者形成了巨大的诱惑和示范效应。第二次鸦片战争之后,租界不再仅存于上海界内,而在天津、汉口等中国的多个城市先后开辟扩张起来。

英、美租界的合并与法租界的独立

1862 年 1 月,太平军开始攻打上海。战事紧急之下,清朝上海官员与外侨统一战线,决定成立"上海中外会防局",以应对来势凶猛的太平军。此时,上个月才上任并来上海考察的美国驻华公使蒲安臣(Anson Burlingame)对租界防务还是相当乐观的。② 但是,伴随太平军的步步紧逼,蒲安臣开始不安起来。事实上,"工部局"的成立只在名义上规定了英、美、法三国租界的统一性,但在执行过程中,三国仍相对各自独立行事。尽管此前为应对局势,外侨成立了防务委员会,前美国领事金能亨担任这个五人委员会的负责人,英、法、美三国也各自成立了防务委员会。但是,在上海没有驻军的美国无法真正负担起自己租界的防务,只得寻求英军的保全。英方应允了美方的求助,并提议将虹口地区的美租界并入英租界,统一管辖。③ 于是,1862 年 3 月,在英租界全体侨民大会上,美租界与英租界合并的决议获批。鉴于美租界四至尚未明确划定,合并之事暂且搁置。

经过多次磋商,1863 年 6 月,上海道台黄芳又被迫与美国领事熙华德

---

① 清政府在"京师"设有"巡捕营",负责"诘禁奸宄,平易道路,肃清辇毂"等事宜。租界警察与其职能相近,故被当时的中国人称为"巡捕",见费成康:《中国租界史》,上海社会科学院出版社,1991 年,第 20 页。

② Burlingame to W. H. Seward,January 23,1862,Papers Relating to Foreign Affairs,1862,vol. 2,New York:Kraus Reprint Corporation,1965,pp. 833.

③ 上海社会科学院历史研究所编译:《太平军在上海——〈北华捷报〉选译》,上海人民出版社,1983 年,第 240~283 页。

(George Frederick Seward)签署了关于虹口地区美国租界划界的章程,规定"美租界西起护界河(即泥城浜)对岸之点,向东沿苏州河及黄浦江到杨树浦向北三里之处,从此向西划一直线,回到护界河对岸的起点",但界石未立。[①]同年9月,搁置的英、美租界合并计划重启,美租界侨民大会决议,"按照1862年3月31日英租界租地人大会通过的决议中所提出的条件,立即将虹口地区的市政管理及其有关的一切权利和义务,移交给英租界工部局董事会"。[②] 10月,美国租界与英国租界正式合并,称为"外租界"(Foreign Settlement)或"洋泾浜北外租界"(Foreign Settlement North of Yang—King—Pang Creek),后称为"公共租界"。[③]

合并之后,英国在租界管辖上获得了更大的主动权,美国有了英国军队的保护做后盾,而清政府也避免了同时应对英、美两国分别扩界的压力,这符合辟设英租界时使其作为外侨来华统一居住区的初衷。因此,对于合并事宜,"中、美、英三国都感到满意"。[④]

在英、美两国筹划合并事宜之前,法国已另有打算。为保持上海法租界的独立性,1862年4月,时任法国驻上海领事爱棠(B. Edan)在法国公使布尔布隆(Alphonse de Bourboulon)的授意下,以1854年《土地章程》未获法国国王批准为由,宣布在上海法租界内单独设立的市政机关,以"处理并掌管租界内之一切事务",并拒绝英、美两国多次的合并邀请。这一举动使原本统一的英、法、美租界同盟解体,法租界开始独立运作。[⑤] 到1860年,"法租界人口日渐增多,地产投机狂热,促使租界遂向东西两方推广"。[⑥] 太平军进

---

① 费城康:《中国租界史》,上海社会科学院出版社,1991年,第33页。
② 汤志钧编:《近代上海大事记》,上海辞书出版社,1989年,第195页。
③ 该租界当时也曾被称为"英美租界",即English and American Settlement,于1899年,经中英双方协定,更名为"上海国际公共租界",即International Settlement of Shanghai.
④ 李云汉:《中国近代史》,台北:三民书局股份有限公司,2005年,第75页。
⑤ [法]梅朋(C. B. Maybon)、傅立德(J. Fredet):《上海法租界史》,倪静兰译,上海译文出版社,1983年,第326页。
⑥ 董枢:《上海法租界的成长时期》,《上海通志馆期刊》,文海出版社,1977年第2期,第321页。

攻带给上海的动乱正是可乘之机。于是,法领事爱棠向上海道先后多次提出扩界要求。首先是将法租界扩展到潮州会馆一带,得逞之后,又于 1860 年 10 月,再将"南面界线一直延伸到小东门直通黄浦江之小河沿"。[①] 1861 年,法租界又继续"吞并了原属于县城的十六浦一带(南小东门的地段)",总面积已达 1 124 亩。[②]

"自由市"风波与持续的扩权

清政府的妥协退让并未填满外侨的欲壑,而是更加激起了他们的野心。1862 年 3 月,《北华捷报》刊登了一些英美侨民的主张,要求清政府把上海"抵押"给在沪外商。[③] 其后,又有言论主张把上海置于一种"既有能力保护和平的居民,又有能力惩罚强悍的分子"的统治之下,同时"任命一个英法联军委员会,以便对防守这些城市的清军加以控制……要求清政府给予我们更多的特权"。[④] 同年 6 月,金能亨等人提议改上海为"自由市",并实行选举制,自设"市政府",管辖财政警务,维持秩序,保障租界内居民权利。敏锐谨慎的蒲安臣立刻嗅到了这些主张中蕴含的隐患,他担心英法联军的成立会使两国权力欲迅速扩张,并因利益争夺而导向竞争,进而有损在沪无驻军的美国的利益,因此持反对态度。[⑤] 英国公使卜鲁士(Sir Frederick Bruce)担心此举会激怒清政府,影响英国在华整体利益,也不予支持。上海"自由市"计划虽宣告破产,但英、美两国觊觎中国国土,染指中国主权的动机暴露无遗。此事件后,两国加紧了在租界扩张方面的合作。

1865 年,上海英、美租界借口现行《土地章程》无法保障租界管理秩序,

---

①② 牟振宇:《近代上海法租界的城市空间的拓展》,《城市规划学刊》,2008 年第 2 期,第 113 页。

③ 于醒民:《上海,1862》,上海人民出版社,1991 年,第 175 页。

④ 上海社会科学院历史研究所编译:《太平军在上海——〈北华捷报〉选译》,上海人民出版社,1983 年,第 311~312 页。

⑤ Burlingame to W. H. Seward, April 18, 1863, Papers Relating to Foreign Affairs, 1863, vol. 2, New York: Kraus Reprint Corporation, 1965, pp. 851.

提议再次进行修改，提出要"设立一个三人委员会，全由租界内华人构成，负责在与华人相关的征收税款、维护秩序等事宜上对工部局提供咨询和建议……但该委员会的功能仅限于提供咨询。"①这也是租界内"华人参政"的伊始。新的章程于1866年3月在外侨大会上通过，并交由驻京公使团审批。获批后再次交由各国政府审批，此事就此搁置。与此同时，法国也于1866年7月公布了《上海法租界公董局组织章程》，落实了之前宣布租界独立时建立"市政机关"的主张。此举受到其他国家领事的集体反对，认为章程赋予法国领事的权力过大。美领事熙华德还多次公开撰文表示拒绝承认此章程。② 但法国的态度非常坚决，美国为避免与其正面冲突，也只能作罢。由此足见，在上海租界问题上，各殖民国家并非铁板一块，而是从自身利益出发各有主张，彼此间关系存在相当大的张力。当然，这种张力并非关切中国利益，而是因各自担忧他国对中国领土和主权的染指，会有损自己在这片东方土地上的利益攫取。

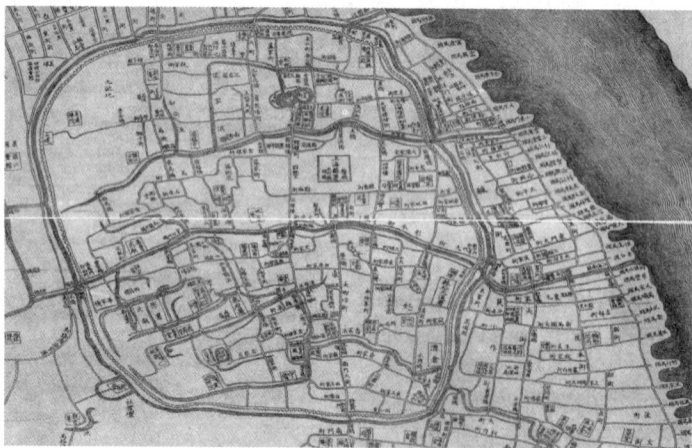

图3—2　1884年上海地图

---

①　W. H. Seward to Burlingame, December 18, 1866, Papers Relating to Foreign Affairs, 1867, vol. 1, New York: Kraus Reprint Corporation, 1965, pp. 434—445.

②　[法]梅朋、傅立德：《上海法租界史》，倪静兰译，上海译文出版社，1983年，第436页。

如图 3—2 所示,到 1884 年,原本地处郊区荒凉之处的公共租界业已成为上海新的中心,而法租界则从西北两面将老城厢包围其中,老城厢内部格局则基本维持。这一时期,上海的城市发展已经越来越依赖租界了。

重订章程与越界筑路

尽管 1863 年美国租界四至已划,但由于界石迟迟未立,美国一直与清政府就界线重划之事频繁协商,直到 1893 年 6 月,界址才重新划定。美租界面积达 7 856 亩[①],公共租界占地达 10 676 亩[②]之多。1899 年 5 月,公共租界再次扩张,新的界址为:"东自杨树浦桥起,至周家嘴止;西自泥城桥起,至静安寺止,又由静安寺镇划一直线,至新闸吴淞江南岸止;南自法租界八仙桥起,至静安寺镇止;北自虹口租界第五界石起,至上海县北边界限止,即上海、宝山两县交界之线。"[③]经过这次扩张,上海公共租界面积净增 22 827 亩,总面积达到 33 503 亩,成为世界上地域最大、时间最长久的租界。[④] 与此同时,法国也加紧了扩界步伐,并在 1899 年 6 月与清政府达成协议。新的界址"北至北长浜(今延安东路西段),西至顾家宅、关帝庙(今重庆南路),南至打铁浜、晏公庙、丁公桥(今西门路、自忠路),东至城河浜(今人民路西段),新扩面积 1 112 亩,法租界总面积达到 2 135 亩。"[⑤]

除了伺机向清政府提出要求,进行交涉的途径以外,租界的扩张还以一种既成事实的方式进行着:越界筑路,即违反既定土地章程,超出租界范围修筑路段,并以路圈地,把新扩出去的土地据为己有。早在太平军进攻上海之际,"义勇军"为加强防御,便已越过界线在租界之外修路以做军事之用。

---

①②⑤　本数据来源于上海地方志办公室编撰,《上海租界志》,http://www.shtong.gov.cn/node2/node2245/node63852/node63855/index.html;另一说法是 7 865 亩,陈明远:《百年租界的数目、面积和起讫日期》,《社会科学论坛》,2013 年第 6 期,第 37 页。

③　陈明远:《百年租界的数目、面积和起讫日期》,《社会科学论坛》,2013 年第 6 期,第 37 页。

④　徐公肃、丘瑾璋:《上海公共租界制度》,上海人民出版社,1980 年,第 161 页。

此后,这种越界筑路的数量和范围不断增加,并逐渐获得了筑路区域的行政、税收和警务权。至 1914 年,法国通过此种方式获得的租界达 15 150 亩。[①]公共租界也依靠此方式急剧扩展,至 1915 年,公共租界总面积达 48 653 亩,是租界初辟时的 57 倍,如表 3—1,图 3—3 所示。[②]

表 3—1　　　　　　　　　　上海租界扩张面积统计表

公共租界		法租界	
年份	面积(亩)	年份	面积(亩)
1845(英)	830	1849	986
1846(英)	1 080	1861	1 124
1848(英)	2 820	1900	2 135
1863	5 860	1914	15 150
1893	10 676		
1899	33 503		
1915	48 653		

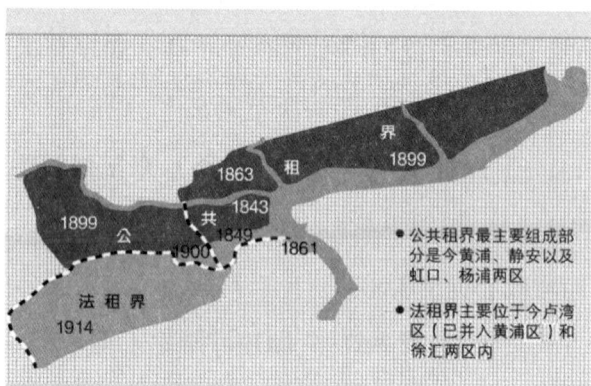

图 3—3　上海租界扩张示意

① 数据来源于上海地方志办公室编撰:《上海租界志》,http://www.shtong.gov.cn/node2/node2245/node63852/node63855/index.html.
② 胡晓鸣、刘丹、翁芳玲:《上海租界百年对城市发展的启示》,《规划 50 年——2006 中国城市规划年会论文集(中册)》,中国建筑工业出版社,2006 年,第 523 页。

3.3　移民的涌入与跨文化传播空间的拓展

3.3.1　移民潮的涌入及其影响

国内移民

上海在开埠通商之前虽然已经发展成江南最重要的港口之一,但还只是一个县城的规模,人口大约在 50 万人左右。其中有很多并非"土著",而是来沪谋生的商人、水手等客籍居民。上海开埠以后,大量的商机吸引大批外地移民涌入上海,外(地)籍人口数量节节攀升。就地域而言,赴沪移民主要来自江苏、浙江等周边省份,也有相当一部分来自广东、福建等沿海省份,这些地区商品经济和文化程度较为发达,因此整体人口素质较高。同时,他们从事的大多为商人、水手等职业,流动性和开放性的职业特点使其更容易适应飞速变幻的局势。此外,由于"土著"数量相对较少,移民数量剧增,使得上海在思想和文化上更具多元性和包容性。来沪移民的这些特点,都为上海的发展以及租界与华界的互动打下了基础。当然,也有一些无业游民来上海寻找"生计",从事聚赌、偷盗、抢劫、贩烟等不良行为,这一群体通常被称为"流民",他们的到来为战乱频发时代的上海更增添了不稳定因素,也为日后小刀会起义埋下了伏笔。

中国人的乡土观念在近代上海也有所体现:这些外籍华人移民定居上海以后,自动根据乡缘结成团体,即各地会馆、同乡会等。据统计,上海开埠之前,此类会馆仅 10 余所,而开埠后至民国初年,已经增加到 60 余所,包括湖南会馆、洞庭东山三善堂、广肇公所、平江公所、锡金公所、江宁会馆、京江公所、三山会馆、山东公所、四明公所、徽州会馆、楚北会馆等。① 这些会馆主要承担的是祭祀、丧葬等传统仪式性的功能，是维系旅居之人与乡土之间情感的纽带。与此不同的是，同乡会更加注重事务层面，其成立宗旨主要在于为同乡提供日常生活中的帮助。自 1905 年起，上海陆续出现了四明同乡会（后于 1911 年改组为宁波同乡会）、浦东同乡会、旅苏全浙同乡会、崇海同乡会、苏府同乡会、绍兴旅沪同乡会等，他们筹资兴办医院、学校等公益机构，开展募捐、赈灾等慈善活动，并对旅沪乡民予以就业指导和资金筹措方面的支持，并承担纠纷调解等事务。② 这些民间组织对于从身体到情感上安置旅沪移民，维系中国乡土观念和文化传统，加强上海和中国其他地区的联系，促进上海租界社会的发展具有重要意义。

租界外侨

(1)英、美、法侨

凭借强盛国力，英国在上海辟设租界时间最早，从开埠到 1910 年间，英国侨民数量一直在上海租界总人口中占居首位（后被日本侨民超越）。据史料记载，上海开埠之初（1843 年 12 月）登记在册的在沪英商及传教士只有 25 人。③ 1845 年年底，英租界内仅有外国侨民 50 人，1847 年增加到 134 人，次年增至 159 人，1849 年增至 175 人，1850 年增至 210 人。④ 至 1852 年 8 月，上海租界内侨民也只有 250 人。⑤ 由此可见，在租界辟设之初，外侨人口增速并不显著。

自 1865 年起，公共租界开始进行分国籍的外侨人口统计，当年，界内英

---

　　①②④　数据来源于上海地方志办公室编撰：《上海租界志》，http://www. shtong. gov. cn/node2/node2245/node63852/node63855/index. html.

　　③　蒯世勋等编：《上海公共租界史稿》，上海人民出版社，1980 年，第 317 页；另有一说法是 26 人，见上海地方志办公室编撰：《上海租界志》，http://www. shtong. gov. cn/node2/node2245/node63852/node63855/index. html.

　　⑤　［日］加藤佑三：《上海租界的形成》，谯枢铭译，《史林》，1989 年第 3 期，第 62 页。

侨已达 1 372 人,美侨只有 378 人。到 1895 年,英侨增至 1 936 人,美侨仅 328 人。此后公共租界内英、美侨民数量增速上升,到 1915 年,英侨数量达 4 822 人,美侨也达 1 307 人;另有 681 名英侨和 141 名美侨居住在法租界,如表 3－2 所示。① 1848 年,敏体尼携家眷来沪上任,一行 7 人,是最早的法国侨民;1850 年,上海法租界仅有 10 名法侨;②1862 年,旅沪法侨达到 100 人;1865 年,法租界内法侨增至 259 人,另有 38 人居住在英租界内;直到 1910 年,在上海的法侨仍只有 800 余人;此后至 1915 年,每年增速约在 10% 左右,1915 年因第一次世界大战的爆发而略有回落,如表 3－2 所示。③

表 3－2 　　　　　　1865～1915 年间租界英、美、法侨民人数统计表④

	年份	1865	1870	1876	1880	1885	1890	1895	1900	1910	1915
英侨(人)	公共租界	1 372	894	892	1 057	1 453	1 574	1 936	2 691	4 465	4 822
	法租界									314	681
美侨(人)	公共租界	378	255	181	230	274	323	328	562	940	1 307
	法租界									44	141
法侨(人)	公共租界	38								330	244
	法租界	259								436	364

(2)其他侨民:日、俄、德、葡、犹太等

上海开埠前二十年,日本尚未与上海建立频繁的贸易关系。1862 年起,先后有"千岁丸""健顺丸"等商船来沪考察。此后,陆续有日本侨民来上海定居。1870 年,旅沪日侨仅有 7 人,其后逐渐增多;1880 年增至 168 人;1890 年达 644 人;1900 年,定居在公共租界的日侨有 736 人,占界内外侨人数的 7.5%;1905 年,增至 4 331 人,已占当时全体外侨总数(共计 12 328 人)的 1/3;1910 年后,在沪日侨总数已经超过英国,居上海租界侨民人数首位;到

①③④　数据来源于上海地方志办公室编撰:《上海租界志》,http://www.shtong.gov.cn/node2/node2245/node63852/node63855/index.html.

②　李佳策:《上海租界的人口统计》,《上海统计》,2003 年第 7 期,第 44 页。

1915 年,在沪日侨总数已达 11 457 人,如表 3—3 所示。

与其他国家相比,俄侨来上海旅居的人数不多,且部分具有临时性,并未长期定居。据统计,1865 年旅沪俄侨只有 4 人,且其后三四十年增速非常有限;直到 19 世纪末,俄侨人数才开始逐渐攀升:1895 年统计数据为 28 人,到 1905 年日俄战争爆发时,在沪俄侨有 354 人;到 1915 年,公共租界内俄侨人数约达 360 人,另有约 40 人定居在法租界,合计 400 人左右(见表 3—3)。[1]

此外,还有一些德籍侨民来到上海,主要居住在公共租界。据统计,1865 年,定居在公共租界的德侨有 175 人;到了 1915 年,公共租界和法租界内的德侨总数约达 1 400 人。上海的葡萄牙籍侨民主要是从澳门迁入的,聚居在公共租界。1865 年,公共租界内葡萄牙侨民有 115 人;1910 年增至 1 495 人,另有 15 人定居在法租界(见表 3—3)。还有一些犹太侨民来到上海兴办洋行、公墓,修建教堂,创办报刊等。

表 3—3　　　　　1865~1915 年间租界日、俄、德、葡侨民人数统计表[2]

年份	1865	1870	1875	1880	1885	1890	1895	1900	1905	1910	1915
日侨(人)		7		168		644		736	4 331		11 457
俄侨(人)	4	3	4	3	5		28	47	354	317	402
德侨(人)	175										1 400
葡侨(人)	115									1 510	

据记载,定居在上海租界的外侨国籍数量的峰值曾达 56 个国家,这些来上海定居的外国侨民,最初以传教士和官员、领事馆工作人员等为主,后来从事贸易活动的商人逐渐增多,占大多数。也有一些国家的侨民以经商之外的工作为主,如在租界担任巡捕的印度和安南侨民。

---

[1][2]　数据来源于上海地方志办公室编撰:《上海租界志》,http://www.shtong.gov.cn/node2/node2245/node63852/node63855/index.html.

3.3.2　跨文化传播空间的拓展

从华洋隔离到华洋杂居

英租界辟设伊始,英领事巴富尔旨在从清政府和上海本地居民手中购置土地房屋,并逐渐形成只供外侨居住的专管区域。此举也符合力求安稳、少生事端的时任上海道台宫慕久的心意。因此,在 1845 年《上海租地章程》中明确写明:"该地域内的本地人,不得将房屋相互租赁,或再行建造房屋,以租予华人商贾……外商不得建造房屋以租予华人或供给华人之用"。① 这种"华洋隔离"的政策将最初来沪的外侨和当地华民隔离开,导致双方除了个别贸易往来,交流极为有限。双方处于远距离对视,怀有猎奇心理但并未开始真正的日常交往,遑论文化层面的传播行为。此后的八年间,该政策基本得到了执行。1853 年初,居住在租界内的华人人数仅为 500 人,多为外侨雇佣的商行伙计、家庭仆役等。

太平天国运动和上海小刀会起义,不仅是英、美、法外侨扩张租界的契机,也是整个上海社会格局重构的契机。1853 年,太平军一举攻克南京,直逼上海;上海小刀会起义后迅速占领县城。动乱之下,大量华人涌入有"义勇队"防御的租界区以躲避战乱。外国领事们多次企图驱赶华人,恢复原有格局和秩序。但是华人的涌入给租界内外商创造了大量商机,物价、地价都在巨大的需求推动下飞速上涨。除了低价囤货高价售出以外,外商们还凭借自己手中的土地大量兴建房屋,租赁给来租界躲避战乱的难民,牟取暴利。因此,在高额利润的驱使下,他们极力反对领事馆的驱华行动。于是,"华洋隔离"的政策被"华洋杂居"的既成事实打破。一时间,租界内人口剧

---

① 史梅定编:《上海租界志》,上海社会科学院出版社,2001 年,第 683 页。

增,1853 年当年,租界人口总数就超过了 2 万人。

1855 年 2 月,时任上海道台蓝蔚雯以公告形式发布了《上海华民住居租界内条例》,作为 1854 年《土地章程》的附加条例。条例规定:"凡华民在界内租地赁房,如该房地系外国人之业,则由该业户禀明领事官,系华民之业,则由该业户禀明地方官,将租户姓名年籍,作何生意,欲造何等房屋,作何应用,共住几人,是何姓名,均皆注明,绘图呈验。"①由于租界内华民人口增长迅猛,条例的规定可操作性不强,因此并未严格执行,但该条例表明,外侨和清政府均已在书面上承认了"华洋杂居"的新格局。

人口的激增与交往的频繁

1860 年,太平军第一次进攻上海时,租界内人口总数飙升到 30 万;1862 年太平军战火再次席卷上海时,租界人口总数再次攀升到 50 万。根据 1865 年的统计数据,当年租界内人口总数达 148 809 人,其中公共租界内有外侨 2 297 人,华民 90 587 人;法租界内有外侨 460 人,华民 55 465 人。还有一些"流民"因职业和居所的不固定性,未纳入统计数据中。加之为了逃税而瞒报的人口,当时租界人口已远超此数。小刀会起义失败后,租界华民见局势渐稳,又不堪界内高额的房租物价,开始搬离租界,造成了租界人口的回落。

1870 年,根据工部局的人口统计数据,公共租界内华民有 75 047 人。1876 年,该数字增至 95 662 人。根据 1879 年公董局的人口统计数据,是年法租界内华籍居民有 33 353 人。到了 1890 年,外侨人口数增加并不显著,但华民继续猛增。当年,公共租界内外侨 3 821 人,华民 168 129 人;法租界内外侨 444 人,华民 34 772 人,总计 207 166 人。时至 1910 年,租界外侨和华民人口均激增,按当年统计数据,公共租界内外侨 13 526 人,华民 488 035 人;法租界外侨 1 476 人,华民 114 470 人,总计 617 507 人,如表 3—4 所示。

---

① 上海社科院历史研究所编:《上海小刀会起义史料汇编》,上海人民出版社,1980 年,第 443 页。

表 3—4　　　　　　　　　　　租界人口变迁表①

年份	公共租界人口数(人)			法租界人口数(人)			总人口数(人)		
	外侨	华人	合计	外侨	华人	合计	外侨	华人	合计
1865	2 297	90 587	92 884	460	55 465	55 925	2 757	146 052	148 809
1890	3 821	168 129	171 950	444	34 772	35 216	4 265	202 901	207 166
1910	13 526	488 035	501 561	1 476	114 470	115 946	15 002	602 505	617 507
1925	37 758	1 099 540	1 137 298	7 811	289 261	297 072	45 569	1 388 801	1 434 370

从数字比例上可以看出,上海租界居民中华人占绝大多数。因此,认为是外侨带来的"先进文明"促进了租界乃至全上海的发展这类观点,否定了华人在社会发展过程中的主体性地位,遮蔽了源自中国不同地域的侨民旅居上海所进行的诸多层面的交流互取,也是上海租界社会发展这一动态过程中极为重要的推动力量。

租界内人口的激增,全国移民、华洋杂居的新格局,不仅促进了上海租界内商业贸易的繁荣,更开启了外侨和华民近距离接触的新阶段。跨文化传播活动不再局限于外侨和熟悉"夷务"的官员和"士大夫"之间。"华""洋"双方在文化传统、宗教信仰、生活习俗等诸多方面的差异,都开阔了彼此的视野,并给对方形成了心理上的巨大冲击。而这种冲击是多层次的,触及从器物到体制再到内心世界的价值观;同时,这种冲击也是双向度的,既关涉对他者的认知,又关涉自我认同。从此,租界内跨文化传播活动的主体不断增加,跨文化传播的空间也迅速建构起来,并伴随交往的加深和局势的变化而不断拓展。

---

① 数据来源于上海地方志办公室编撰:《上海租界志》。同时参照胡晓鸣、刘丹、翁芳玲:《上海租界百年对城市发展的启示》,《规划 50 年——2006 中国城市规划年会论文集(中册)》,中国建筑工业出版社,2006 年,第 523 页。

第4章　中间圈层(一):西学东渐与文化观念启蒙

　　"西学东渐"并非始于晚清,而是经过了漫长发展、逐层深入的历史过程。早在明末清初,亦即所谓"地理大发现"之时,便有以利玛窦(Matteo Ricci)为代表的西方传教士陆续来到中国。正如《明史》中所记载的:"自玛窦入中国后,其徒来益众。"①他们在传教的同时,也将西方的科学技术和文化带到中国,并将在中国的见闻传递给西方世界。然而,已经拉开帷幕的东西方跨文化传播活动终因清政府的"闭关锁国"政策而戛然终止。直到晚清时期,船坚炮利的英、法等国家通过鸦片战争,重新打开清廷统治下中国的大门,"西学东渐"才再次开启,并找到了"租界"这一平台和媒介向全中国铺展蔓延开来。与明末清初相对平等的交往相比,这一时期的西学传播带有浓重的被动性、紧迫性和殖民色彩。居住在上海租界内的以传教士为主的外侨们兴办学校、医院,创办报刊,清朝统治者和士人阶层力推"洋务运动","条约口岸知识分子"和维新人士致力于西方科学技术的翻译与推介……这

---

　　① 《明史》,卷三百二十六,列传第二百十四,外国七。

一系列活动使上海(特别是租界区)成为西学传播的前沿阵地和全国思想文化中心。同时,通过上海租界这一平台和媒介,西学的传播从沿海辐射到中国内陆,内容日渐丰富,且影响由表及里,异常深入。

4.1　传者与受众:上海租界西学传播场域中的多元主体

正如布尔迪厄在论述社会文化研究的基本单元"场域"时所指出的:"一个场就是一个有结构的社会空间,一个实力场有统治者和被统治者,有在此空间起作用的恒定、持久的不平等的关系,同时也是一个为改变或保存这一实力场而进行斗争的战场。"①在上海租界内西学的传播中也存在一个"场",在这个场域中,外侨、清政府、本土知识分子和中国民众等不同主体之间没有界限明晰的绝对意义上的传者或受众的区分,他们的利益既有冲突也有重叠,在博弈间进行话语权争夺,决定着晚清时期西学东渐的方式和进程。

4.1.1　外来力量:以传教士为主体的外侨

伴随晚清国门的打开和上海租界的辟设,最早来沪定居的外侨以商人和传教士为主。外商们的活动大多围绕利益获取展开,包括租赁土地房屋、开办洋行店铺、开展国际贸易等,后期还大量兴建工厂。而以教会为依托的传教士在兴办教堂、拓展教会、宣传教义的同时,始终致力于通过创办报刊、公开讲学、兴建教会学校等"世俗"手段,传播西方科学技术。

就动机而言,来华传教士对于西学的推广,一方面是为了传导西方理念和价值观,使基督教顺利在华落地生根。他们认为,科学和宗教之间存在这样的有机互构:

---

① 　[法]皮埃尔·布尔迪厄:《关于电视》,许均译,辽宁教育出版社,2000 年,第 46 页。

> 科学没有宗教会导致人的自私和道德败坏;而宗教没有
> 科学也常常会导致人的心胸狭窄和迷信。真正的科学和真
> 正的宗教是互不排斥的,他们像一对孪生子——从天堂来的
> 两个天使,充满光明、生命和欢乐来祝福人类。我会就是宗
> 教和科学这两者的代表,用我们的出版物来向中国人宣扬,
> 两者互不排斥,而是相辅相成的。①

　　另一方面,是为了用"传送新知、引领进步"等话语,给英、法、美等国在华的政治、经济、文化殖民活动寻求合法性,建构中国民众对西方的认同与向往,促使中国"西方化"的发生。当然,也有一些传教士出于个人理想和情怀,秉承促进东西方文化交流互进的理念,力求推动中国民众的"自富自强",如英籍著名传教士、《格致汇编》的创办者傅兰雅(John Fryer)等,在传播西学的同时为中国社会文化的发展贡献了力量。

　　运用传播学过程分析的经典"5W"模式来考察,毫无疑问,这些传教士扮演的是典型的传播者角色。但是,超越西学传播链本身扩展开来,传教士在深入中国社会底层进行传播活动时,也对清末中国社会文化建构起最直观的认知,并以口传或书写见闻实录等形式传达给西方世界。从这一角度出发,来沪传教士们也是中国文化的"受众"。关于这一问题,本章传播效果一节将展开叙述。

4.1.2　顶层设计:清政府的倡导

　　列强的炮火不仅震开了晚清中国的大门,更震醒了沉浸于"天朝上国""世界中心"幻梦中的清朝统治者。鸦片战争中双方在武器装备、战术布置、军事训练等方面实力对比的悬殊,都让清朝统治者们大为惊憾。正如被魏

---

① 《广学会年报》(1897年),《出版史料》,1991年第2期,第79页。

源称为"开眼看世界的第一人"的林则徐在给友人的书信中所言:

> 彼之大炮,远及十里内外,若我炮不能及彼,彼炮先已及
> 我,是器不良也。彼之放炮如内地之放排炮,连声不断。我
> 放一炮后,须辗转移时,再放一炮,是技不熟也。求其良且熟
> 焉,亦无他深巧耳。不此之务,既远调百万貔貅,恐只供临敌
> 之一哄。况逆船朝南暮北,惟水师始能尾追,岸兵能顷刻移
> 动否?盖内地将弁兵丁虽不乏久历戎行之人,而皆睹面接
> 仗。似此之相距十里八里,彼此不见面而接仗者,未之前闻。
> 徐尝谓剿匪八字要言,器良技熟,胆壮心齐是矣。第一要大
> 炮得用,今此一物置之不讲,真令岳、韩束手,奈何奈何![1]

清朝统治者将鸦片战争的失败单纯归咎于船炮和军事操练的不利,诚如 1861 年奕䜣奏请购外国船炮时清廷的复谕:"东南贼势蔓延,果能购买外洋船炮,剿贼必能得力。内患既除,则外国不敢轻视中国,实于大局有益。"[2]

因此,秉持"师夷长技以制夷"的诉求,19 世纪 60 年代,晚清统治者阶层开始了采借西学的"洋务运动",最早接触洋务、外侨定居人口最多的上海成为此番运动的主要策源地。在道光帝的支持下,这一轮西学传播首先发端于器物层面,以引进西方军事设备和技术为主,向"洋商"购买外国船只,在国内仿造,并聘请外国技师予以指导。其后,又扩展到实业领域,最具代表性的便是 1865 年由李鸿章在上海创办的江南制造总局,该厂当时人数逾 2 000,以制造轮船和枪炮、弹药、水雷等军事器械为主,并于 1867 年以后开始制造船舰。同时,清政府还尝试按照"洋法"操练军队,并派遣留学生出国学习西方科学技术。

这次轰轰烈烈的洋务运动一直持续到 19 世纪 90 年代,并因甲午对日

---

[1]　林则徐:《致姚椿王柏心函》,《林则徐全集》第七册《信札卷》,海峡文艺出版社,2002 年,第 3586~3587 页。

[2]　咸丰朝:《筹办夷务始末》,第 79 卷,第 29 页。

战争中清政府的再次惨败而宣告终结。在此过程中,西学在中国的传播得到了官方的支持和认可,并重燃了"经世之学"的星火。在整个传播链条中,清朝统治者既是将西学向全国推广的传播者,也充当了传播过程中的"把关人",同时还是吸纳西学的受众。但是,清政府在"把关"过程中,既想通过引介西学,力挽狂澜,达到维系统治的目的,又担忧西方社会制度和思潮导致民心不稳,动摇其统治的合法性,因此始终恪守"中学为体、西学为用"的原则,将目光局限于器物和技艺层面,对西方哲学、政治学等内容鲜有涉及,缺乏对日益腐朽的制度进行必要的自省和改革。这种局限性决定了此番西学传播的片面性和不彻底性,进而直接导致了后来甲午战争的失败和清政府的最终覆亡。

4.1.3　中流砥柱:士人的主张

士的社会属性

"士"是中国历史上一个特殊的社会阶层,其内涵与当下普遍使用的"知识分子"类似,但又不尽相同。余英时曾经专门著书《士与中国文化》,来阐述这个特殊阶层的"精神风貌"及其与中国历史文化的勾连。在余英时看来,中国"士"的传统"至少已延续了两千五百年,而且流风馀韵至今未绝"。在这两千多年的历史中,"士"的具体含义也一直在不停地衍变,从先秦时期的"游士",到秦汉以后的"士大夫",再到魏晋南北朝时期的"名士"……内涵侧重各有不同。

变迁中也蕴涵着永恒,就特征而言,"士"通常是掌握一定文化知识,对"社会基本价值"拥有自己判断和主张的群体;就功能而言,"文化和思想的传承与创新自始至终都是士的中心任务";就社会地位而言,"士"是居于统治阶层和底层民众之间的社会中间阶层,也可视为居于最末端的统治阶层。但这种阶层属性和功能并不是固化的,即"士"虽然"有社会属性但并非为社会属性所完全决定而绝对不能超越者",亦即他们的功能通常并非普遍认为的集"学者—地主—官僚"三位一体,而是随时根据需要承担管理、教化、批判等任务,充当着社会的"未定项"。①

晚清西学传播过程中士人的表现印证了余英时的立论。他们既是清政府官僚体系中的一员,执行着统治者的政令;也是社会局势的观察者,拥有自己的判断和主张;同时也是普罗大众的引领者,致力于西学的本土化和大众化。与清朝统治者相一致,在西学传播链条中,上人既是传播者,也是受众,同时由于其社会阶层属性与底层民众趋近,因此也扮演着"意见领袖"的角色。

士的分化与"条约口岸知识分子"的形成

伴随上海租界的辟设与西学传播的深入,"士"这一阶层本身也出现了分化:一部分以李鸿章、魏源等为代表。他们在晚清政府担任要职,社会属性更趋近于"官僚"阶层,是清政府官方支持的"洋务运动"的倡导者和践行者,他们"师夷长技"兴办实业,以期"制夷""图强"。但是,作为清朝统治阶层一员的他们,也因社会地位和眼界的局限,对西学的传播也未能超越"器物"与"技艺"的层面。另一部分则以冯桂芬、王韬、郑观应等为代表,他们更趋近于近代意义上的"知识分子"。

1861 年,冯桂芬在一篇名为《采西学议》的文章中,重提"西学"一词,可视为揭幕之作。与魏源的《海国图志》相比,冯桂芬不仅主张"师夷长技",更将眼光放宽至西方"算学、重学、视学、光学"等自然科学领域。郑观应也在《盛世危言》中专辟一篇《西学》,指出"论泰西之学,派别条分,商政兵法,造

---

① 余英时:《士与中国文化》,上海人民出版社,1987 年,第 1~11 页。

船制器,以及农渔牧矿诸务,实无一不精,而皆导其源于汽学光学化学电学,以操御水御火御风御电之权衡,故能凿混沌之窍,而夺造化之功。"①强调西方技艺的精湛,实则源自自然科学的发展。王韬结合自己的实际观察更进一步指出:"英国以天文、地理、电学、火学、气学、光学、化学、重学为实学,弗尚诗赋词章。"②"西人于学有实际,天文历算,愈出愈精……察地理,辨动物,活水利,讲医学,皆务析豪芒,穷其渊际,是以有识之士乐与之游。"③指出西方对实用科学的重视。在此认知的基础上,他们广泛译介西方著作,为西学传播做出了卓越贡献。

冯、郑、王等人见解的超越性并非偶然所得,而是与他们的生活经历紧密相关:他们都曾定居于上海或供职于租界。冯桂芬曾在上海新式学堂讲学,《校邠庐抗议》便是以他在上海的寓所命名;郑观应则在上海洋行学徒数年,并跟随著名传教士傅兰雅学习英语;王韬不仅在上海墨海书馆为英国传教士、汉学家麦都思(Walter Henry Medhurst)担任助手,参与了许多西方科技著作的编译工作,还曾亲自游历欧洲。上海租界作为中西方互察的窗口,为这些士人提供了直接接触西方科学技术和文化的媒介,进而为其深入理解西学,思考中外文化关系创造了条件。美国学者柯文(Paul A. Cohen)将他们称为"条约口岸知识分子(Intellectuals in Treaty Port Cities)":

> 他们许多人都曾深受儒家经典训练,取得秀才资格,而又起码部分是因西方人在上海的出现所创造的新的就业机会而来到上海的。作为个人而言,他们颇不平常,甚或有些古怪,有时才华横溢。就整体而言,他们代表了中国大地上一种新的社会现象——条约口岸知识分子,他们的重要性将与日俱增。他们在中华世界的边缘活动。起初,他们的工作

---

① 郑观应:《西学》,《盛世危言》,第2卷,《礼政》。
② 王韬:《漫游随录》,社会科学文献出版社,2007年,第56页。
③ 王韬:《弢园文录外编》,中华书局,1959年,第7页。

对中国主流中的事件似乎几无影响,但最终他们所提出的东
西却与中国的实际需要渐渐吻合。直到这时,他们才渐次得
到一定的社会地位和自尊。①

对于"条约口岸知识分子"出现的背景,亦即上海等开埠通商城市孕育
出的特殊文化环境,柯文如是判断:"口岸城市新文化的最有意义的特点之
一,便是它相对游离于古老内陆文化的限制和禁忌之外。"②

正是依托租界而享有相对较高自由度的上海这种特殊的环境,造就了
"条约口岸知识分子",而这些知识分子借助租界这一媒介,吸取并传播西
学,用自己的方式影响着租界文化生态。同时,需要指出的是,他们虽然超
越了"器物"与"技艺"的层面,拓宽了西学传播的范畴。但是,受限于"中学
为体,西学为用"的思想,他们对西学的传播主要集中于自然科学领域,对西
方哲学、政治学等人文社会科学领域鲜有触及。

甲午战争后士人的再觉醒

直到 1895 年甲午中日战争中清军再次落败,士人们才意识到在器物、
技艺、自然科学领域求教于西方仍不足以内安动乱、外御强敌。于是,19 世
纪末 20 世纪初,亦即戊戌变法前后至辛亥革命期间,士人对西学的采借更
进了一步。③

洋务派中坚、辖领包含上海地区的两江署理江督张之洞,在《劝学篇》中
将西学的范畴定义为"西政、西艺、西史",且"西学亦有别,西艺非要,西政为
要",强调要"政艺兼学"。④ 然而,对于西方哲学,张之洞持排斥态度。他明

---

①② [美]柯文:《在传统与现代性之间——王韬与晚清改革》,雷颐、罗检秋译,江苏人民出版社,
1994 年,第 18 页,第 25 页。
　③　龚书铎:《晚清西学约议》,《近代史研究》,1991 年第 2 期,第 3 页。
　④　张之洞:《劝学篇》,蔡振生:《张之洞教育思想研究》,辽宁教育出版社,1994 年,第 139 页。

确提出"不可讲泰西哲学"，认为西方哲学是蛊惑人心的空谈之学，无实际意义。[①] 这是其思想的局限所在。

维新派士人严复在战乱时期曾避居上海，并曾任复旦公学校长，对西学有过直接观察体验，因此其观点更具突破性。他指出当时社会思潮中关于西学的误区并予以纠正："今之称西人者，曰彼善会计而已，又谓彼擅机巧而已。不知吾兹之所见所闻，如汽机兵械之伦，皆其形下之粗迹，即所谓天算格致之最精，亦其能事之见端，而非命脉之所在。"并对西学的精髓提出的判断："其命脉云何？苟扼要而谈，不外于学术则黜伪而崇真，于刑政则屈私以为公而已。"[②]

由此可以见，严复已经精准地指出了西学对于"科学与民主"的两大诉求，可谓新型知识分子的代表。他始终笔耕不辍，通过翻译西书、撰写专著等方式，为对西方政治学、哲学、逻辑学在中国的传播做出了重要贡献。与他同一时期的另一新型知识分子、维新运动领军人物梁启超，也于 20 世纪初在上海创办报刊、发表专题文章，大力推介西学，介绍西方哲学家、思想家，并将此作为维新运动的重要思想阵地。[③] 在这些对西学具有更广阔视野和更深刻认知的士人推动下，晚清西学传播开始触及社会科学和哲学领域。这直接启发了晚清社会（尤其是知识界）在制度层面的反思，实为维新运动与辛亥革命的思想基础。当然，晚清西学的传播在思想层面的影响还不深入，"启发民智"的任务尚未完成，这是在后续的新文化运动中实现的。

---

① 张之洞：《筹定学堂规模次第兴办折》，蔡振生：《张之洞教育思想研究》，辽宁教育出版社，1994年，第 182 页。

② 严复：《论世变之亟》，《严复集》，第 1 册，中华书局，1986 年，第 2 页。

③ 龚书铎：《晚清西学约议》，《近代史研究》，1991 年第 2 期，第 3 页。

4.1.4　底层基础:普罗大众的西学初体验

"西学东渐"是一个自上而下、带有鲜明精英色彩的过程。在社会参与意识尚未建立的晚清,"师夷长技"的诉求在普通民众中并不普及。相对于清朝统治者和士人阶层,中国民众对于西学的接触渠道也极为有限。因此,无论从主观意愿性还是客观近用性(accessible)来看,居于中国社会底层的普罗大众对于西学传播都是相对较为被动的。他们居于整个传播链条的末端,主要扮演着"受众"的角色。而在广阔的中国土地上的民众中,上海租界居民则是最早接触西学的。

就接受层次而言,从电灯、电话、电报的使用,到铁轨的架设和火车的通行,从去教会医院就诊,到赴西式学堂就学,上海租界民众对于西学的理解,也历经了从器物到科学再到文化逐层深入的过程。如前所述,以移民为主体的上海租界居民与中国其他地区相比,对接纳新事物具有更高的宽容度和开放性;同时,由于工作和生活上与外侨联系的频繁性和紧密度,租界居民主观上对西学有更强的接受意愿。较之清朝统治者和士人阶层鲜明的"救亡图存"的目的性,底层民众对于西学的态度更具实用性。他们更关注的是西学的传播给日常生活和个人、家庭发展所带来的切实影响。

对此,桑兵的判断具有建设性,他认为:知识阶层作为主流文化的负载者,也具有本体文化异体排他性的主导功能,对外来文化的融汇内化力与抵抗斥拒力成正比。而城乡的农工商民,则内化力差,排斥力也弱。[①]

例如由于华洋杂处久矣,华民与之在生活和商业上的往来已相当频繁,上海租界华民掀起学习外语的风潮,《申报》曾就此刊文报道:"近来中国之人日与西人群聚而错处,问答而往还,风气所闢,浃洽愈深,大非二十年前可

---

① 桑兵:《晚清学堂学生与社会变迁》,广西师范大学出版社,2007 年,第 23 页。

比。华人之解西语者,所在皆有。"①一方面,正是上海租界居民这种宽容度和开放性,给西学在中国的落地营造了良好的环境。另一方面,由于上海租界逐渐成为西学在中国传播的基地和前沿,于是造就了大批身居社会底层、心怀报国理想的新型知识分子,扩大了受众基础。特别是在维新运动以后,他们在西学的熏陶和变革话语的影响下,开始重新审视摇摇欲坠的晚清。整个社会暗潮涌动,不断积蓄着变革的力量。

4.2　传播媒介:大众传播与人际传播并行

上海租界因享有"治外法权"而形成的学术、思想和言论上的相对自由,不仅为西学传播塑造了大批传播者和广泛受众,还为西学传播媒介的生长发育提供了宽容的土壤。西学在上海租界的传播及其向全国的外溢,是依靠多元传播媒介并行实现的。其中既包含带有鲜明大众传播属性的出版媒介,又包含新式学堂的人际传播渠道。根据传播内容和承载功能的差异,大众传播媒介又可分为报刊和图书两类。报刊以刊载基本信息为主,因其覆盖面广和通俗易懂的特征,在文化传播中承担横向拓展的功能;图书则以刊载理论知识为主,因其受众特定和深刻系统的特征,在文化传播中承担纵向深入的功能。

4.2.1　横向拓展型媒介:租界报刊

如媒介史学者黄旦所言:"(现代)报刊本身就是一种新知,属于东渐的西学。"②同时,租界内现代报刊的兴起又为西学的传播提供了至关重要的媒介。由此可断,晚清时期现代报刊的发展与西学的传播之间存在强关联性

---

① 《论华人之习西语尚未得法》,《申报》,1886 年 11 月 29 日。
② 黄旦:《媒介就是知识:中国现代报刊思想的缘起》,《学术月刊》,2011 年第 12 期,第 139 页。

甚至一定程度上的互构性。于是，对这一时期报刊传播西学的考察就显得尤为重要。

外侨报刊

中国历史上第一份现代意义上的报刊，是 1815 年由英国传教士马礼逊（Robert Morrison）和米怜（William Milne）创办的英文月刊《察世俗每月统计传》。其后又有《广州纪录报》《东西洋考每月统记传》相继问世。但是，现代报刊在中国的大发展，是到五口通商、租界辟设之后才实现的。特别是进入 19 世纪 50 年代以后，亦即上海租界辟设十年后华洋隔离被打破，杂居格局使中西交往呈现出前所未有的频繁状态。获取有关中国的讯息，以推进商业贸易活动的顺利开展；向华民传播西方的知识文化，以弥合交往鸿沟，更好地进行传教和文化交往，成为外侨的普遍需求。于是，在租界及其界内定居外侨享有的"治外法权"庇护下，各类外侨创办的报刊应运而生。

正如姚公鹤在《上海报纸小史》中所说："上海报纸发达之原因，已全出外人之赐。而况其最大原因，则以托足租界之故，始得免婴国内政治上之暴力。"[①]这一论断虽有偏颇，抹杀了租界华民在报刊兴起中的参与度和主动性，却也精准指出了租界对报刊的"成全"。此外，现代印刷技术也是依托上海等开埠口岸传入中国，再为报刊发展增添了物质层面的支撑。

据统计，从上海开埠到 19 世纪末期，外侨在沪创办报刊超过 60 种，约占同期外侨在华创办报刊总数的 80％。[②] 1850 年创办的《北华捷报》(*North China Herald*)（后于 1864 年更名为《字林西报》，*North China Daily News*），1857 年创办的《六合丛谈》，1868 年创办的《万国公报》，1872 年创办的《申报》，以及 1876 年创刊的《格致汇编》等大批中外文报刊都是这一时期

---

① 杨光辉、熊尚厚等编：《中国近代报刊发展概况》，新华出版社，1986 年，第 261 页。

② 张元隆：《上海租界与晚清西学输入》，《上海大学学报(社科版)》，1989 年第 4 期，第 88 页。

诞生于上海租界之内，均不同程度上致力于西学的引介和传播。这些报刊多由传教士创办，带有教会报刊的性质。如《万国公报》就是 1874 年由《教会新报》更名而来。最早的科技类报刊，专门刊载西学资讯、知识的《格致汇编》，则是由英国著名传教士傅兰雅创办。

后来，伴随租界内华洋交往的加深和受众的激增，以及上海租界商贸往来的兴盛，商业报纸开始成为新形势下的新主流。于是，早期的教会报刊也逐渐隐去宗教色彩，通过易主、更名、调整板块内容等方式，完成了世俗化的过程，对西学的传播也由狭至广、由浅至深不断推进。

华人报刊

在中国的封建统治历史上，对于思想和言论的钳制始终存在。但是，论及严苛程度，清朝无疑到达了顶峰，民间思想交流缺乏自由，意见表达缺少通路。租界的辟设打破了这一局面，客观上为僭越晚清政府的统辖管制提供了可能，这为华人创办报刊创造了条件。华洋混居之后，外侨报刊的涌现进一步刺激着中国文人的神经。于是，自 19 世纪 60 年代起，华人也开始了创办报刊的尝试。

上海租界内华人办报主要有两种形式：一种是"洋旗报"，即聘请外侨出面担任名义上的主笔，向领事馆申请注册，再由华人负责实际采编运营，享受和外侨报刊同等的权利；另一种则是纯粹的华人独立创办，这种形式更为便捷，无需申请注册，只需具备资金、场地、设备、人员即可直接开始运营，但此类报刊面临清政府的压制和外侨报刊的竞争，夹缝间生存压力较大。直到甲午战败之后，华人报刊作为维新运动的阵地和前沿才迎来发展高潮。据统计，该时期华人在沪创办的传播西学的报刊有近 30 种，约占全国同期同类报刊的 65%。[①] 其中最为著名的当属 1896 年由梁启超等人创办的《时

---

① 张元隆：《上海租界与晚清西学输入》，《上海大学学报（社科版）》，1989 年第 4 期，第 88 页。

务报》,该报作为戊戌维新运动最重要的舆论阵地,将西学与自强联系起来,倡导通过学习西方的科学技术和制度安排,在清朝推行温和改良,实现救亡图存的理想。经受西式学堂教育、有过旅日经历的孙中山,也乘西学的"东风",创办革命报刊,宣传革命思想,进行社会动员,为辛亥革命启蒙。①

租界报刊的西学呈现

与西学东渐的总体逻辑类似,上海租界报刊对西学的传播也体现在器物、科技、思想等层面。但是,这些层次是相互交叉的,没有鲜明的时间区隔和阶段性。通过对部分报刊的统计和具体案例的分析,结合学界既有研究成果中的相关数据,可以发现租界报刊在西方科技传播议题的呈现上具有如下特征:

一是所持态度的倾向性。以《申报》有关上海淞沪铁路的报道为例。早在淞沪铁路(由原吴淞铁路延伸建成)尚在建设中的 1874 年 8 月 4 日,《申报》便刊登文章《吴淞将行火车》,称:"相传上海吴淞之火车所需银已凑齐,其器料亦未几可到。上海此火车公司先欲上海西商入股,兹闻各股份在英国买齐其承办铺铁购车各事,系旧著名之火轮车大行也,或此后六月可乘车纳凉,一刻之间而便可迳抵吴淞,岂非中西人所之快者哉。"②为铁路的开通和火车的运营做舆论铺垫。

1876 年 6 月 14 日,淞沪铁路完工之日,《申报》又在头版刊载《铁路告成》一文力荐火车出行的快速便捷:"本埠恐火轮车路已至江湾镇,相传西历七月初一日庆贺落成,可以驶行矣。再俟半月则直达吴淞,来往之客随时附

---

① 在此需要特别强调的是,"西学"的范畴并不局限于欧美之学,也包含来自日本的"新知"。明治维新以后,以英国为蓝本而发展强盛起来的日本,东方外壳之下其实已经改易成西式内核,成为借鉴西学的东方范本。

② 《申报》,1874 年 8 月 4 日。

坐火车,顷刻往还,不啻身有羽翼也。"①7月3日,火车正式开行之日,《申报》报道:"时辰未到,上海人即纷纷持票登车,五个车厢顷刻满员,其中有妇孺,更有妓院娘姨、大姐;忽然汽笛响了,站台上洋人吹号,火车摇摇而行,渐渐加快,如电掣飚驰,乘客无不笑容可掬,啧啧赞叹。"②用生动的描绘体现民众对火车开行的支持。

通车一周后,即7月10日,《申报》又刊发《民乐火车开行》一文,报道上海市民乘坐、围观火车通行的场面:"或有老妇扶杖而张口延望者,或有少年荷锄而痴立者,或有弱女子观之而嘻笑者;至于小孩或惧怯而依于长者。前者仅见数处,则或牵牛惊看,似作逃避之状者……然究未有一人不面带喜色也。"③再次为火车运营营造喜悦祥和的舆论氛围。从这些报道足见《申报》在有关火车这一"洋物"的报道中明显的倡导性态度倾向。这类报道尽管有其商业目的和殖民色彩,但为西方工业文明产物在中国的引进和传播营造了较好的舆论环境。

二是涵盖学科的广泛性。以颇具影响力的《万国公报》为例,根据对1874～1907年间《万国公报》有关科技类文章的刊载情况所做的计量分析,这28年间,该报共刊载科技新闻2 291篇,普及性科技类文章923篇,共计3 214篇。普及类文章中,关于基础学科(涵数学、物理学、化学、天文学、地理学、生物学)的共计299篇;关于应用科学技术(涵医学、农学、水利工程、交通运输、采矿冶金、通讯信息、纺织等)的共计478篇;另有146篇文章是对西方科技文化与科技思想观念的总体宣导。④ 从数据可以看出,《万国公报》涉猎甚广,但对与生活关联度高、应用性强的西学略有偏重。这一方面拓宽了传播内容和覆盖面,具有良好的科技普及意义;另一方面也造成了西

---

①②③ 《申报》,1876年6月14日,7月3日和7月10日。
④ 数据见邓绍根:《〈万国公报〉传播近代科技文化之研究》,硕士学位论文,福建师范大学,2001年,第22页。

学传播的碎片化,不利于受众对知识的系统性获取与整合。

三是内容体裁的丰富性。以《申报》《万国公报》《格致汇编》等为代表的租界报刊,对西学的呈现体裁是非常多元的,针对"洋物"的推介性新闻消息、科学普及性短文、专业学术文章、深度思想性论述均列其中,还有很多报刊专门设立了互动环节,提高受众关注度和参与度,完成西学的传播。

《万国公报》专门设有"读者问答"专栏,刊登读者关于洋物、科技问题的来信,并附上专业解答,以供其他读者参阅。如 1874 年 9 月刊登的一则读者问答:问曰"《西医略论》所谓柠檬在中国是何形状? 有何别名?"答曰:"柠檬果形状似橙,面带橙式,广东极多,其味极酸。"①此外,《万国公报》还不定期举行"有奖征文"等活动,鼓励受众参与内容生产,主动融入西学(主要是科技)的传播过程中。康有为便曾于 1894 年参与《万国公报》的征文并获奖。②

《格致汇编》也设有"互相问答""算学奇题"等互动栏目,如 1876 年冬出刊的《格致汇编》第十二卷,在算学奇题第 36 题中列出"有三平圆,求作一平圆与此三平圆相切,所设之三平圆或俱在其外,或俱在其内,或一在内、两在外,或一在外、两在内,俱可",并在其后附有主编傅兰雅的按语:"此系美国格致新闻纸所出算学难题,请人设便法解之。如阅汇编诸君有便法解此题,寄示本馆,代印入汇编,并译成西文送美国格致新闻馆中,言明中华某君之法。"③这是中国涉及"阿波罗尼"问题的最早讨论。④

四是呈现方式的多样性。租界报刊在西学传播中,同时运用文字和图片等多种呈现方式。其中,《格致汇编》因其专业期刊的属性,主要以文字方式呈现;而普及性较强的报纸《万国公报》《申报》等则采用文章佐以配图的

---

① 《万国公报》,第 1 本,第 303 卷,第 80 页。见邓绍根:《〈万国公报〉传播近代科技文化之研究》,硕士学位论文,福建师范大学,2001 年,第 83 页。

② 萧公权:《康有为思想研究》,汪荣祖译,台北:联经出版社,1988 年,第 390 页。

③ 《格致汇编》,第一年,第十二卷,1876 年。

④ 李兆华编:《中国近代数学教育史稿》,山东教育出版社,2005 年,第 79 页。

形式；降低读者门槛、致力为更广泛的低文化层次群体传播讯息的作为《申报》附赠副刊的《点石斋画报》(1884～1898)，则采用图片作为主要的呈现方式，适当配发说明或短评，在"新知"专栏中不断推介西学，弥合中国普通民众在接受西方文明时的心理鸿沟。该报的图片呈现从摩天大楼到观光火车，从西式钟表到西医诊疗，包罗万象，用最直观的方式为中国底层民众勾勒出西方器物与西方世界的轮廓，推动西学东渐的落地。

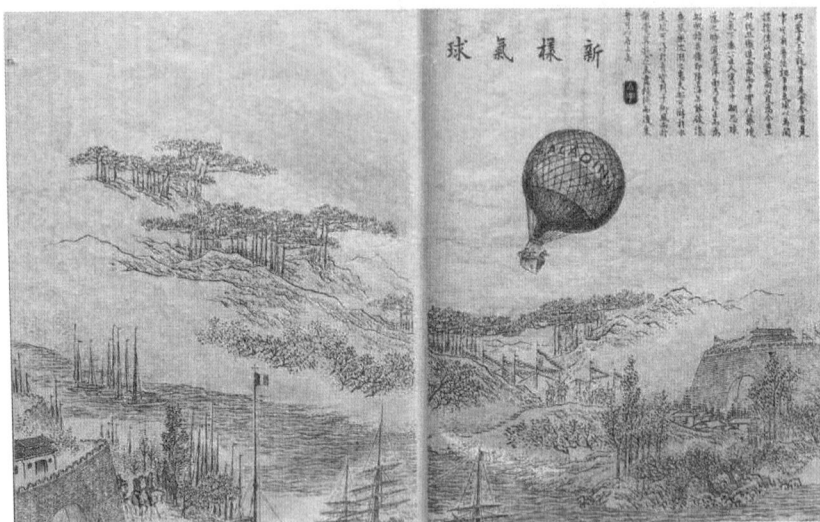

图4—1　《点石斋画报》中所刊"新样气球"

　　该刊1884年创刊号便刊登了"新样气球"一图，并附简短的文字说明："巧夺天工之说，昔有是言，今有是事……列子御风而行，犹觉其艺之未尽精纯，而后来者可以居上矣。"向受众介绍氢气球的玄妙(见图4—1)。[①] 又如"剖腹出儿"一图，通过描绘剖宫产的情形，并附文字曰："西医治病颇著神术，近年来华人见其应手奏效，亦多信之。"借此来传播西方医学，如图4—2所

---

　　①② 吴有如等：《点石斋画报》(大可堂版)，第1册，上海画报出版社，2001年，第4页，第187页，第103页。

示。② 另外,也有一些图画并非写实,而是根据西方报纸、文章、故事描绘而出,体现了当时国人对西方世界的想象,如"水底行车"一图中对在河底开挖隧道、铺设铁路、行驶火车的描绘,极具新意和前瞻性,如图 4—3 所示。①

图 4—2　《点石斋画报》中所刊"剖腹出儿"

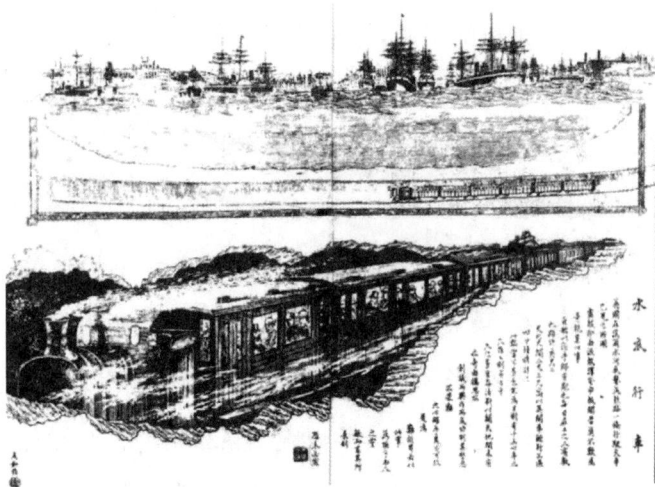

图 4—3　《点石斋画报》中所刊"水底行车"

---

① 吴有如等:《点石斋画报》(大可堂版),第 1 册,上海画报出版社,2001 年,第 4 页,第 187 页,第 103 页。

以上这些特征是由上海租界报刊自身的属性和定位决定的,将普罗大众锁定为目标受众的报刊,在传播西学时无法达到专著的深度,但其时效性、广博性和通俗性,使其成为科学专著的重要补充,促动东渐的西学覆盖范围的横向拓展。

4.2.2 纵向深入型媒介：图书出版

外侨出版机构的引介

译著、专著的出版是西学东渐另一个最为重要的大众传播媒介。1843年,与上海开埠几乎同时,英国伦敦会传教士麦都思等人便在上海的江海北关附近的麦家圈(今福州路与广东路之间的山东中路西侧一带)创建了专门的编译出版机构墨海书馆。英租界开辟划定后,墨海书馆迁址租界区内。该书馆致力于宗教类书籍的出版,但也进行西方数学、物理学、化学、生物学等自然科学的传播,于19世纪50年代集中编译出版了《代数学》①《博物新编》②《植物学》③《代微积拾级》④等多部译著。

凭借租界的便利条件,上海在19世纪60年代以后成为全国翻译出版西学著作的中心,并在其后的在三十年间掀起翻译出版西书的高潮,促使更多的外侨参与其中。1887年,英美外侨在上海创立了外人在华最大的出版机构广学会,虽带有一定的宗教色彩,但在人文社会科学领域的书籍出版成果更为丰硕。据统计,截至1911年底,广学会共出版书籍461种,1 168 436册,其中宗

---

① ［英］德·摩根：《代数学》,李善兰、伟烈亚力译,墨海书馆出版,1853年。
② ［英］合信：《博物新编》(共三卷),墨海书馆出版,1855年。
③ ［英］韦廉臣：《植物学》(共八卷),［英］艾约瑟译,墨海书馆出版,1858年。
④ ［美］罗密士：《代微积拾级》(共十八卷),李善兰译,墨海书馆出版,1859年。

教类书籍 138 种,215 330 册。① 其中李提摩太翻译的《泰西新史揽要》被梁启超盛赞为"述百年以来欧美各国变法自强之迹,西史中最佳之书也"。②

本土知识人的力献

自晚清面临变局以来,中国本土知识人一直在西学中寻求出路,翻译西学著作也是最为重要的手段。李善兰是其中的杰出代表,他于 1852 年进入墨海书局开始辅助传教士进行翻译工作,凭借在数学方面极高的天赋和造诣,参与翻译了前述《代数学》《植物学》等多种西方自然科学著作。洋务运动之风掀起后,越来越多的士人和新兴知识分子投身于西书译介、西学传播的浪潮之中,清政府也开始支持此活动。

1868 年,具有官方背景的翻译出版机构江南制造局翻译馆在上海诞生,主要以军事科学类书目为译介的主要对象,如《列国陆军制》等,同时兼译自然科学方面的经典,如《声学》《光学》《电学》等,19 世纪末 20 世纪初期,也着手进行农业、医学,以及社会科学著作的译介。维新运动时期,中国知识界人士迅速觉醒,西学传播异常踊跃,一时间"竟出新籍,如雨后之春笋"。③ 其中最具有代表性的就是严复 1898 年翻译的赫胥黎名著《天演论》,引起强烈反响。1900 年以后,严复迁居上海,并一手创办名学会,先后翻译了亚达·斯密(今通译为亚当·斯密)的古典经济学著作《原富》(即《国富论》,1901 年)、斯宾塞的《群学肄言》(1903 年)、孟德斯鸠的《法意》(即《论法的精神》,1904~1909 年)等 7 部著作,将翻译西学事业推向新的巅峰,极大地推动了西方资产阶级民主社会理论在中国的传播,启蒙作用从辛亥革命时期一直延续到五四新文化运动。

---

① 吴雪玲:《广学会与晚清西学传播》,《东岳论丛》,2009 年第 8 期,第 106~107 页。
② 梁启超:《读西学书法》,光绪二十二年(1896 年),上海实务报馆石印本。
③ 冯自由:《中国教育会与爱国学社》,《革命逸史》初集,中华书局,1981 年,第 115 页。

此外,维新派知识分子还对西学书籍进行编目和整合性工作,如 1896 年梁启超所做的《西学书目表》。这一时期,商务印书馆也于 1897 年在上海诞生,这是中国最早的新式出版机构之一。西学传播从个体行为向机构行为衍化,逐渐在计划性、系统性、完整性方面完善起来。关于西书的翻译出版情势发展,可征引张静庐的概括：

> 前译书之人,教会也,朝廷也;前译书之目的,传教也,敷衍也。后译书之人,士夫也,学生也;后译书之目的,谋公利也,谋私利也。①

4.2.3　人际传播媒介：西式学堂

教会学校

西方传教士在上海租界定居后,不仅兴建教堂、创办教会、宣传教义,还开办了不同层次的教会学校。据统计,截至维新运动前,上海租界内共有中等以上教会学校近 20 所,其后至辛亥革命前增加至 30 多所。② 这些教会学校采用西方教育模式,使用传教士编写的西式教材,授课内容包括神学、外语、西方自然科学和人文社会科学知识等。其中著名的格致书院(1874 年创建)、圣约翰书院(1879 年创建)、中西书院(1881 年创建)、震旦大学(1903 年创建)和沪江大学(1906 年创建)都为西学的传播和新式知识分子的培养做出斐然贡献,并为西书译介潮输送了大批掌握外语、熟知西学的骨干。

新式学堂

教会学校的独到之处也引起了洋务派的注意。西学东渐风气渐浓时

---

① 张静庐编：《译书略论》,《中国出版史料补编》,中华书局,1957 年,第 62 页。
② 张元隆：《上海租界与晚清西学输入》,《上海大学学报(社科版)》,1989 年第 4 期,第 87 页。

期,在教会学校的示范效应之下,洋务派也开始了创办"洋务学堂"的尝试。这些带有西式色彩的学堂摒弃旧式私塾所重视的"礼""义"等内容,注重西学教育,开设外语课程等。广方言馆就是其中之一。该学堂创办于 1863 年的上海,除传统的儒家经典外,还聘请外籍教习讲授外语、西学。优秀毕业生一般分赴各地海关、衙门、厂矿等洋务机构担任翻译等工作。到了维新运动期间,有志之士纷纷讨伐八股取士对人天性的消磨与戕害,主张废除科举,改革教育制度,全面兴办新式学堂。

历史潮流和民意锐不可当。于是,1901 年,清政府颁布"兴学诏",要求"各省所有书院,于省城均改设大学堂,各府及直隶州均改设中学堂,各州县均改设小学堂,并多设蒙养学堂",①赋予新式学堂官方承认的合法性。新式学堂的学生人数应势激增,从 1902 年的 6 912 人,增至 1912 年的 2 933 387 人。② 这些学生既是西学报刊、书籍的新受众,也是主动传播西学的生力军。

4.3　传播过程与效果:认知变迁与观念启蒙

4.3.1　传播过程:关于西学的认知变迁

西学东渐的阶段划分

西学传播的有效性虽然与外侨密不可分,但对传播的有效性起决定性作用的还是中国本土对西学的认知度与接受度。根据前文所列史料可见,从中国本土立场出发,晚清时期上海租界西学的传播外溢与中国整体性的

---

① 朱寿朋:《光绪朝东华录》,中华书局,1958 年,第 4 719 页。
② 桑兵:《晚清学堂学生与社会变迁》,学林出版社,1995 年,第 2 页。

"西学东渐"轨迹一致,也可以甲午中日战争为界,分为两个阶段。

第一个阶段始于租界华洋杂居格局被打破后的 19 世纪 50 年代中后期,这一时期西学在上海租界的传播肇始于传教士在传播教义的同时对西学的推介。中国本土对西学的主动引介则主要依靠政府和士人阶层的主导,即史称的"洋务运动"。该阶段以清政府擢洋务派人士采购并仿制西物、报刊载文、翻译西书、开办现代厂矿和洋务学堂等为主要形式,引进学习西学的内容主要包括器物(如西方先进的武器、舰船等军事装备)、技艺(如西方采矿、冶炼等)和自然科学(如算学、物理学等)层面,以"中学为体,西学为用"作为核心原则。

第二个阶段是甲午中日战争后至 1911 年辛亥革命爆发(次年清王朝覆灭),即戊戌维新开始至辛亥革命期间。这一时期的西学东渐过程中,士人阶层仍是主要推动力量,但该阶层业已出现传统士大夫与"条约口岸知识分子"等新型知识分子的分化,后者跃升为西学传播的中流砥柱,官方虽然也有"新政"等包含传播西学因素的举措,但已丧失主导权。该阶段涌现了大批国人自办报刊传播西学,西书译著井喷,新式学堂培养了大批通晓外语和西学的新型知识分子,对西方自然科学知识的传播覆盖面更加广泛,并深入到哲学、社会科学领域,开始尝试对西方国家法律和社会制度的借鉴,触发了最终导致清政府崩溃的辛亥革命。

引鉴西学的目标变迁

在晚清时期的 1853～1911 年间,中国引鉴西学的目标经历了从"制夷自强"到"救亡图存",再到"民主科学"的变迁。在不同目标的支配下,上海租界对西学的甄选和摄取,也是应内外情势的复杂性而不断嬗变、日趋深化的。在第一次鸦片战争硝烟尚未散尽,上海租界华洋杂居之初,战争溃败的阴影久久萦绕在清朝统治阶层心头。但是,此时的国人并未意识到体制和思想层面的差距,而是将失败的原因简单归结为器不如、艺不精。因此,在清政府的支持和洋务派士大夫的力推之下,重新审视、了解"天朝上国"以外逐渐崛起的西方世界,引进西方的坚船利炮,学习西方的工业技艺,兴办西式工厂仿制洋物便成为重中之重,以求迅速掌握西方先进装备、习练西方兵法布阵,实现"师夷长技以制夷"的目标。

直至清军在甲午中日战争中再次惨败,也宣告了洋务运动的破产。在接下来兴起的维新运动中,广纳西学、救亡图存成为新的目标。通过兴办报刊、翻译西书、创建新式学堂等媒介,西学的传播更为广泛深入,并培养了众多新型知识分子,成为新一轮西学东渐的主要推动力量。温和改良未能力挽狂澜,拯救濒临覆灭的清王朝,西学在中国国土的积淀和大批了解西方社会制度、心怀报国理想的有志知识分子的出现,进一步催化了社会民众思想意识领域的觉醒。在这一时期的西学传播中,民主和科学启蒙成为新的旗标和任务,孕育出旨在建立新社会的辛亥革命,最终推翻了清王朝的统治,将中国历史推向了全新时代。

主体性意识与西学在地化过程

需要明确的是,在长期而复杂的历史动态过程中,西学的传播并非仅由西方来华殖民者单方面推动,而是从一开始就体现出中国本土的主动性和自主性。在这种主体性意识一以贯之的情势之下,中学与西学间始终发生着相互"缠斗"与"较量",并直接影响着西学的在地化过程。

早在明末清初,尚未形成规模的西学传播就用"西学中源"之说谋求合法性。至晚清时期西学传播进程重启,这一说法再度流行起来。持这一立场者认为西学并非独立生发,而是源自中学,但在具体主张上却存在分化,有人认为不需要学习西方;另一些人则认为西学可以为我所用。这种说法便是"中体西用",这在洋务运动中最为盛行,主张学习西方的器物、技艺,维持中国的道统。

维新运动时期，"师夷长技"的失败证明了肤浅的西学采借对于清政府的困局回天乏术，"中西融通"的主张逐渐成为新型知识分子的共识。① 如康有为主张："泯中西之界限，化新旧之门户。"②严复也强调："必将阔视远想，统新故而视其通，苞中外而计其全，而后得之。"③这些维新派人士虽然反对中国封建社会特别是明清时期极盛的"纲常"思想，倡导平等民权和个人自由，但并不同意西方绝对化的个人主义和私有制，而是保留中国文化中的集体观念，提倡个人与群体利益的结合，主张培养民众的公德心和责任感。但是，由于知识背景和视野的局限，维新人士对西学的掌握不够深入，且对待西学的态度始终被儒学的框架束缚，贯通之事未竟。

进入辛亥革命时期，中西融通更进了一步。经受新式教育、有过出洋背景的辛亥革命领导者孙中山在"集合中外精华"上更为得心应手。同时，他对待西学也持有开放且谨慎的态度，他认为："中国几千年以来社会上的民情风土习惯和欧洲的大不相同。中国的社会既然是和欧美的不同，所以管理社会的政治自然也是和欧美不同，不能完全仿效欧美，照样去做，像仿效欧美的机器一样。"因此，孙中山主张在顺应国际形势、学习西方制度和文化经验的同时，立足国情对西学进行筛选，使"我们能够照自己的社会情形，迎合世界潮流去做，社会才可以改良，国家才可以进步。"④以此立场为前提，孙中山结合中国国情、民情，借鉴西方哲学和政治思想中的"民权"主张，并剔除其中部分看法，指出是革命赋权而非天赋，提出了辛亥革命的领导纲领"三民主义"。此外，他还吸收达尔文的"进化论"观点，指出进化是大势所

---

① 龚书铎：《晚清西学约议》，《近代史研究》，1991年第2期，第12~15页。
② 汤志钧编：《康有为政论集》(上册)，中华书局，1981年，第259页。
③ 严复：《与〈外交报〉主人书》，王栻编：《严复集》，第3册，中华书局，1986年，第560页。
④ 孙中山：《三民主义》，《孙中山全集》，第9卷，中华书局，1986年，第32页。

趋,但反对"优胜劣汰、弱肉强食",主张社会道德、"相匡相助"。① 由此可见,西学在中国的传播并非不加筛选一起涌入,而是在不同形势背景之下历经了反复的筛选、调整,不断汇入中国语境、融入中国文化传统的在地化过程。

4.3.2　传播效果:知识生产与观念启蒙

学风转换与学术体系的重塑

既然称其为"学",则西学的传播必然在遭遇中国本土之学时发生学风上的"化学反应"。清朝中前期,严酷的思想钳制和八股取士科考制度导致四平八稳的"训诂考据"之风盛行,古代延续下来的明德修身的治学传统,更使得中国本土学术聚焦于形而上的层面,坐而论道,纸上咨政。遭遇西方列强重创的晚清,面临前所未有的军事威胁和政治困境,社会危机重重,也引发了对训诂之学的质疑与反思。明末清初兴起的"经世之学"经嘉道孕育后,再次走到历史前台,冲击传统学术体系和治学风气,并重新点燃西学东渐的热情,以期挽救危机、打破困局。正如梁启超所言:

> "鸦片战争"以后,志士扼腕切齿,引为大辱奇戚,思所以自湔拔;经世致用观念之复活,炎炎不可抑。又海禁既开,所谓"西学"者逐渐输入,始则工艺,次则政制。学者若生息于漆室之中,不知室外更何所有,忽穴一牖外窥,则粲然者皆昔所未睹也。还顾室中,则皆沉黑积秽。于是对外求索之欲日炽,对内厌弃之情日烈。欲破壁以自拔于此黑暗,不得不先对于旧政治而试奋斗,于是以其极幼稚之"西学"知识,与清

---

① 龚书铎:《晚清西学约议》,《近代史研究》,1991 年第 2 期,第 11～12 页。

初启蒙期所谓"经世之学"者相结合,别树一派,向于正统派

公然举叛旗矣。[①]

这一改变既有外力的影响,即上海开埠、租界辟设后传教士等外侨来华旋即进行的西学传播,更有赖于中国本土的主动性,即对传统训诂之学的反思和对接引西学的寄望。内外合力之下,以孕育、聚集大量新型知识分子的上海租界为突破口,晚清中国的学风发生重大变迁,形而上的传统学风逐渐瓦解,"务实"取代"义理",成为判断学术的首条标准,实用性的西学成为变局中被学人竞相追求的"新宠"。

西学的传播、学风的转变也推进了中国学术体系的整体重构。最先引起国人注意的便是西学中的"格致之学"。"格致"一词出自《礼记·大学》:"致知在格物,物格而后知至。"[②]梁启超这样评断:

吾中国之哲学、政治学、生计学、群学、伦理学、史学、文学等,自二三百年以前皆无以远逊于欧西,而其所最缺者则格致学也……近年以来,新学输入,于是学界颇谈格致。又若舍是即无所谓西学者……学问之种类极繁,要可分为二端。其一,形而上学,即政治学、生计学、群学等是也;其二,形而下学,即质学、化学、天文学、地质学、全体学、动物学、植物学等是也。吾因近人通行名义,举凡属于形而下学皆谓之格致。[③]

梁启超的观点代表了当时晚清知识界对西方格致之学的普遍看法,这种共识也促成了中国学科门类(主要是自然科学)的分化。其后,西方"法政诸学"也以上海租界为"试验田",并向全中国传播。晚清中国的学术体系在中西碰撞的语境下,既保留了传统的形而上之学,也广纳西方的形而下之

---

① 梁启超:《清代学术概论》,《梁启超论清学史二种》,复旦大学出版社,1985年,第59页。
② 胡思庸:《西方传教士与晚清的格致学》,《近代史研究》,1985年第6期,第132页。
③ 梁启超:《格致学严格考略》,张品兴编:《梁启超全集》,北京出版社,1999年,第951页。

学,建构起新的学术体系。传教士开办的教会学校和洋务派、维新派创建的新式学堂,则从实践上支撑着这一新型学术体系的存续,并为其培养了大批新型知识分子,作为新学的中坚力量。此外,伴随西方知识、理论、思想一并传入的还有海量的新名词、术语,如社会、政党、政府、民族、阶级、主义、真理、唯物、唯心、主体、客体、具体、抽象……为五四时期白话文运动做了有效铺垫。①

　　但是,需要注意的是,尽管这一时期新建构起来的学术体系已很大程度上修正了训诂考据之学的刻板迂腐,但由于部分西学在中国的"水土不服",以及中西融通的巨大难度,使得彼时中国的学术界、思想界也产生了一定的混乱和肤浅认知,以及过度勾连政治诉求、盲目崇拜西方之学而造成的学术独立性的缺乏。② 尽管思想界已经开始意识到此问题,如梁启超曾对教育的过度"欧化"提出严正批评,指其"全属无意识之动,未尝有自主之思想,自主之能力",精准指出了学界"舍翻译之外无学问",③以及衍生出的"崇拜外人、蔑视本族之奴隶性"。④ 但是,这一现状并未得以有效扭转,反随西学传播的深入而愈演愈烈。

思想破冰与观念启蒙

　　西学东渐不仅引发了学术界的讨论与大变革,也触及了更为深刻的思想意识领域。在礼乐坍塌的末世危机情绪不断蔓延铺展的晚清,西学传播的效果从知识生产延伸至观念制造,对中国传统理念的质疑与反思与日俱深。一方面,实用主义哲学大行其道,致使将德行置于学问之上的传统被

---

　　① 熊月之:《晚清西学东渐史概论》,《上海社会科学院学术季刊》,1995 年第 1 期,第 158 页。

　　② 左玉河:《西学东渐与晚清学风嬗变》,《中国近代思想史研究集刊》,第 2 辑,社会科学文献出版社,2005 年,第 204~236 页。

　　③ 璩鑫圭、童富勇编:《中国近代教育史资料汇:教育思想》,上海教育出版社,2007 年,第 265 页。

　　④ 梁启超:《梁启超文选》(下册),夏晓虹编,中国广播电视出版社,1995 年,第 215~218 页。

"唯知识观"取代,伦理规约和诉求让位于对新知的渴望,知识的"去道德化"①全面展开。如王韬所言:

> 世以仁、义、礼、智、信为五德,吾以为德唯一而已,智是也。有智则仁非伪,义非激,礼非诈,信非愚。盖刚毅木讷近仁,仁之偏也;煦妪姑息近仁,亦仁之偏也。慷慨奋发近义,复仇蹈死近义,皆未得义之中也。礼拘于繁文缛节,击旋揖让,则浅矣。信囿于自守,至死不变,则小矣。洞澈无垠,物来毕照,虚灵不昧,运用如神,其识足以测宇宙之广,其见足以烛古今之变,故四者赖智相辅而行。苟无以济之,犹洪炉之无薪火。巨舟之无舟楫也,安能行之哉!②

另一方面,清朝时期中国社会所尊崇的"三纲五常"面临西方"平等""自由""民权"等观念的冲击。封建礼教的束缚与国家危急落魄的处境勾连在一起,在历经洋务运动、戊戌维新、清末新政之后逐层剥落。至辛亥革命时期,连同其他造成积贫积弱的"糟粕"被彻底遗弃。

此外,继中英鸦片战争沉重打击了"闭关锁国、自给自足"的想象之后,清王朝上下的"天下观"伴随西学传播的推进而不断重塑。至甲午中日战争后,"天朝上国"的观念彻底崩溃,③对"夷族"的态度从鄙视转为畏惧。在观念重塑过程中,西学的传播扮演着重要角色。如斯宾塞的"社会进化论",一经严复翻译出版的《天演论》引入中国,这种"物竞天择、适者生存"的竞争进化理论便成为重构"天下观"的重要理论基础。④ 康有为、梁启超等人也基于此种理论对国内、国际形势进行分析,继续推进"天下观"的重构。其后,孙

---

① 董丽敏:《危机语境中的知识生产、媒介与文化转型——对晚清中国知识生产的一种考察》,《上海大学学报(社会科学版)》,2013年第7期,第99页。

② 王韬:《智说》,《邮便报知新闻》,1879年6月23日。

③ 茅海建:《戊戌变法史事考》,三联书店,2006年,第413页。

④ 陈廷湘:《中国传统天下观的断裂与现代性国家意识的形成及其变异》,《史学月刊》,2011年第5期,第55页。

中山等人借鉴西方政治思想学说,提出"民族""民主""民生"的纲领,以"驱逐鞑虏、恢复中华"为口号,将清王朝与中国的符号指称相分离,彻底颠覆了将朝廷视同于国家的观念,形成具有现代意味的国家观。可以说,西学的传播不仅在"术"的层面成为清王朝救亡图存的"救命稻草",也在"道"的层面为中国社会不断积蓄的变革力量提供了观念启蒙。

　　值得关注的一点是,回望中西方文化各自的漫长发展史,二者在历史演进逻辑上存在明显的同轨性。在古希腊时期,柏拉图、亚里士多德等思想家便倡导"理性精神"和"人文主义"。其后,伴随城邦的溺亡和封建社会的到来,宗教势力不断上升,逐渐抛弃了这两种诉求。中世纪是宗教统治的巅峰时期,人性自由和求知精神被严重压抑。直到文艺复兴和启蒙运动兴起,西方世界才重拾"理性"与"人文",漫长的精神蛮荒期终结。中国在春秋战国时期,诸子百家学术争鸣,思想文化极为繁荣,对人性的尊重和言论自由程度很高。但是,伴随秦朝以后大一统局面的确立和巩固,对人性的束缚和思想的钳制也越发严苛,清朝时期达到顶峰。晚清时期危境中的自省和西学的传播,使得"理性"和"人文"被重新发掘,如其指导西方资产阶级革命一样,成为中国社会变革的思想基础。由此可见,中西方文化虽然在特质上存在诸多差异,但也存在相当多的同质性;同时,二者演进历史的同轨性也证明了超越异质性的普遍规律的存在。符合人类基本伦理的主张,在中西方文化中均能发现类似投射,这也是跨文化传播活动的起点和归宿。

第5章 中间圈层(二):公共舆论与政治环境变迁

　　租界以一种"国中之国"的形态存在于晚清时期的中国土地上,剥蚀着清政府治下中国的独立主权。租界不仅是西方殖民者在经济层面掠夺中国资源的据点,在文化层面传播西方知识理念的阵地,也是在政治层面促进中国卷入全球体系的前沿。在频繁的中西互动中,经济、文化、政治因素并非独立运作生效,而是彼此交织,相互促进,以租界为基点向外扩散、蔓延,推动着整个晚清中国的整体性、系统性变革的发生。在众多租界中,上海租界是中西互动的全国中心。在救亡图存的目标驱动下,有志之士并未被动接受西方殖民,而是充分利用上海租界这一"异质空间"内特殊的"治外法权",积极开展跨文化传播活动。这个跨文化传播空间不仅承担着知识生产和观念启蒙的任务,也制造了具有现代意味的舆论场,该场域中不同源流、不同立场的言论交锋,打破了清政府的话语垄断,拓展了民意表达的通路,也开启了舆论影响政治的新时代序幕,牵动整个晚清中国政治环境的变迁。

5.1　舆论场域的搭建

5.1.1　言路的拓展

言论表达通路是舆论场域形成的必要条件。晚清时期言路的拓展,首先得益于上海租界出版印刷业的勃兴。尽管上海紧邻传统出版业繁盛的杭州、南京和苏州,但开埠以前出版业一直欠发达。直到开埠之后,上海依托对外贸易迅速发展成全国经济中心。在扎实的经济实力和便捷的航运条件下,上海引进了石印、铅活字印刷机、制版照相等现代印刷设备和技术,出版业迅速繁荣。上海的出版业是扎根租界才得以发展起来的,一方面,最早在沪从事书籍、报刊出版的群体以传教士等外侨为主,由于身份限制,他们居住在租界,自然也将出版机构、报馆等设在租界;另一方面,经济贸易的繁荣和文化知识的传播,使上海迅速跃升为全国对外经济、文化交往中心,而上海发展的外向性决定了老城厢光芒褪祛、租界成为整个上海核心区域的必然性,出版业也不例外;更为重要的是,出版物天然承载的传播言论的功能,使其必然成为清政府的管控目标,而由于租界内"治外法权"的存在,超越了清朝统治者管辖的能力范围,租界内行政规约对于报刊实行的"注册制"管理,更为其提供了宽松的土壤。

在这些有利条件的保障下,上海出版业依托租界迅速崛起。从最初外侨群体开设出版机构、创办近代报刊,到维新派、洋务派、革命党人积极译书、办报,上海租界出版机构不断增加,报刊、书籍等出版物井喷,上海也成为名副其实的全国出版印刷业中心。出版业的繁荣,为西学东渐提供了重要的平台和媒介。而西学传播的深入,也使得西方"出版自由、言论自由"等主张被中国社会所认知,反过来促进出版业的进一步发展。在这个良性互动过程中,中国思想界开始发掘出版物在传播讯息、传递知识等基本功能之外的潜能。尽管在洋务运动兴起不久,以江南制造局翻译馆为代表的本土出版机构已经成果颇丰,但书籍本身更偏重厚重知识传递的特性,使其覆盖面主要集中于士人和统治阶层。现代报刊应运而生,恰到好处地补充了书籍的短板,偏重轻巧信息的传播,更适合广泛的社会基层受众。

其实,报纸并非新生事物,中国自汉朝起便已出现官方制办的"邸报",虽经多次更名,但一直延续至清朝,用于地方政府和中央政府之间信息、政令的沟通。尽管"邸报"也具有传播信息的功能,但其官方背景使其缺乏开放性,读者多为统治者和士大夫阶层,且办报的目的在于服务中央集权统治。乘西学东渐之风在上海租界出现的现代报刊则与邸报有诸多相异之处。以英侨美查(Ernest Major)创办、华人执掌笔政的《申报》为例,作为中国本土最早的现代报刊尝试,《申报》自创办之初,便将传播"新知"作为主要任务,提出"新闻纸之设,原欲以辟新奇,广闻见,冀流布四方者也。"①创刊一年后的 1873 年,《申报》又通过论述各国广设"新报"②均"为上下可以相通,远近可以相达相勉相戒,以辅成国家政事",③强调报刊的辅政功能,激发了变局中谋求救亡图存之方的有志之士对于报刊的热情。

特别是甲午战争以后,维新人士纷纷投入出版业,掀起了近代中国第一次办报高潮。他们把报刊、书籍作为传播革新思想的重要阵地,向上对清朝统治者表达政治建议和主张,向下力推维新思想渗入社会基层,为维新变法"造势"。最为典型的代表就是梁启超 1896 年在上海创办的《时务报》,他在创刊号上发表《论报馆有益于国事》④一文,奠定了该报议政、辅政的定位和

---

① 《申报馆条例》,《申报》,1872 年 4 月 30 日。
② 所谓"新报",即新式报刊,主要与旧时"邸报"相区别。
③ 《论各国新报之议》,《申报》,1873 年 6 月 26 日。
④ 《论报馆有益于国事》,《时务报》,1896 年 8 月 9 日。

基调。在此之后,维新人士和孙中山领导的革命党人前仆后继投入出版业,
把报刊、书籍作为传播革新思想的重要平台和阵地。他们依托其所处租界
对清政府管控权力的僭越,将出版物开辟为近代中国进行自由表达言论的
"试验田"。

　　现代报刊崛起之前,清朝统治下的中国言路不畅,信息传播和言论表达
渠道由政府钳制,形成一个封闭的精英性系统,基层民众对信息流通过程的
参与度极为有限。而在报刊发展的起步阶段,清廷统治者、士大夫和基层民
众都对这一新事物持轻蔑甚至敌视的态度。如姚公鹤的考证:"左宗棠在与
友人书中,有江浙无赖文人以报馆为末路之语,其轻视报界为何如。惟当时
并不以左之诋斥为非者,盖社会普通心理……故每一报社之主笔访员,均为
不名誉之职业,不仅官场仇视之,即社会亦以搬弄是非轻薄之。"①

　　进入 19 世纪中后期,现代报刊在上海租界的崛起,一方面受助于外侨
办报的示范效应,另一方面也得益于中国报人的主体性。在现代报刊不断
"开疆扩土",覆盖面和影响力迅速扩张的过程中,"白话报"的诞生功不可
没。1876 年 3 月 30 日,申报馆旗下的《民报》问世,这是报刊使用"白话"进
行内容生产的第一例。《民报》的发行量并不大,且不久便停刊。但是,这种
使用通俗语言争取更多基层受众的尝试,为苦苦寻觅"接地气"的言论表达
通路的中国新型知识分子提供了一种可能。

　　晚清时期中西方交往的频繁使诸多传播意义上的问题浮现,其中一个
重要议题就是关于"文、言分离"对于沟通、理解所造成的障碍。意义的共享
需要以对语言、文字符号的共同理解为前提,而文言书写、白话言说的分离
造成了理解的复杂性。这一障碍不仅存在于西方人和中国人之间,也存在
于知识界和基层民众之间。为了逾越理解鸿沟,促进传播有效性达成,晚清
知识分子开始谋求书写的通俗化。1887 年,诗人黄遵宪提出"我手写我口"

---

① 姚公鹤:《上海报纸小史》,《东方杂志》,第 14 卷第 6 号,1917 年 6 月 15 日,第 197 页。

的主张,向艰深晦涩的书写方式提出挑战,倡导诗界革新。维新运动时期,梁启超等人也主张用平易文字表达观点,并将口语化书写扩展到报刊领域,大力创办白话报。裘廷梁更是把白话视为"维新之本"。[①] 自最早的维新派启蒙白话报《演义白话报》于 1897 年 11 月 7 日在上海诞生之后,这种更为"接地气"的报刊形式形成星火燎原之势,迅速向全国蔓延。据不完全统计,1900~1911 年间,白话报刊总数达 111 种。[②] 至辛亥革命期间,中国本土出现了创办报刊的第二次高潮,而这一时期的报刊内容也主要是以白话书写的。

白话报刊的出现是晚清中国报刊发展史上的一个重要转向,一方面消解了中国社会各界的误解与隔阂,以通俗易懂的方式促进了各个群体特别是基层民众对于现代报刊的认知和理解;另一方面,也为心怀报国理想、苦于报国无门的新型知识分子提供了表达政治主张、宣传革新思想的新平台、新路径,使其对于政治和社会的构想得以向下辐射,实现"民智开启""思想启蒙""舆论制造""社会动员"等一系列目标。白话报刊解构着精英阶层对于言论的垄断,在闭合的信息传播系统上砸开了一个基层民众参与的缺口,民意借此转变为可以对清朝统治者形成压力的"舆论",社会沟通模式开始重构,公共舆论平台逐渐形成。同时,这一时期白话书写在报刊领域的实践,可以视为"白话运动"的预告和前幕,为五四时期新文化运动的开展提供了思想准备和实践基础。

5.1.2   主体的培育

在建构公共舆论场的过程中,参与主体的培养必不可少,这首先是通过

---

① 《清议报全编》,第 26 卷,沈云龙编:《近代中国史料丛刊三编第十五辑》,文海出版社,1986 年,第 60 页。

② 李孝悌:《清末下层社会启蒙运动:1901~1911》,河北教育出版社,2001 年,第 17 页。

公民教育实现的。"公民教育是培养个人有效参与社会生活的一种手段。"[1]晚清时期列强对中国的步步紧逼,造成了清廷治下中国社会问题的全面爆发,危机意识开始成为社会各界的共识。有志之士寄望引进西方器物、技艺、知识和思想来实现救亡图存的目标。但是,伴随西学东渐的全面、深入推进,愈发了解西方情形的中国本土知识人开始意识到"公民教育"对于政治变迁和社会转型的重要性和紧迫性。

　　运动揭幕,意识先行。晚清时期公民教育的倡导,并非偶然发生,而是在诸多因素交叠之下有着深刻的历史必然性。一方面,有关公民教育的认知根植于对洋务运动失败的深刻反思。由政府支持、士大夫操刀的具有半官方性质的洋务运动,并未达成通过"师夷长技"实现"自强"的目标。甲午战争中清军与"蕞尔小国"日本交锋后的惨败,彻底击碎了洋务派"制夷"的畅想。维新派人士批判洋务派引进西学的肤浅性,已经开始意识到西方国家的强盛不仅在于军事实力的强大、新式器物的精美和科学技术的发达,更在于所谓"国民风气的优美",以及在此基础上形成的"政治制度的优越"。

　　就此,梁启超指出:

　　　　西国之强,由于兵乎? 是大不然也。夫西国之强,由于人民笃信天道,由于人民有自主之权,由于政款法公。盖国者人众相合之称,故人人品行正,则风俗美,风俗美,则一国协和,合成一体,强何足信。若国人品行未正,风俗未美,而徒汲汲乎兵事是讲,其不陷而为好斩嗜杀之俗者希,尚何治安之可望哉?[2]

　　另一方面,对公民教育的认知源自新型知识分子对于西方世界的近距

---

[1]　龚启昌:《公民教育学》,正中书局,1948 年版,第 8 页。
[2]　梁启超:《论邦国及人民之自助》,《饮冰室合集》专集二,中华书局,1936 年,1989 年影印版,第 18 页。

离观察。如前所述,上海租界为"条约口岸知识分子"们提供了与"活生生"的西方人直接接触的空间与机会。租界内按照西方政治制度实施的管理方式,又像一个从西方空降在中国土地上的微缩社会模型,成为供变革求新的中国人参照的范本。此外,许多具有出洋经历的知识分子通过对西方政治制度和社会风气的直接体验,认识到政治层面的革新仅依靠统治者和精英阶层的顶层设计是不够的,还有赖于基层民众政治素养的提升,因此要格外重视公民教育,上下一心推进治世的达成,亦即王韬所强调的"合一国之心以共为治"。[①]

共识既成,教育转型运动全面揭幕。以上海租界内的报刊、新式学堂等媒介为依托,晚清中国在公民教育方面的努力主要表现在对中国传统教育弊端的反思,对阻碍社会发展的国民性的批判,以及对具有现代意味和西式色彩的公民教育方式的引进。这一系列举措为晚清中国的政治变革和社会转型奠定了深厚的理论和思想基础,培育了广泛的由基层民众构成的参与主体,重塑了民众对于国家和自我的认知:沿袭千年的封建集权统治下,中国民众对于国家的认知始终居于"天下"的层面,这既造就了"普天之下,莫非王土"的狭隘自大,忽略了对世界其他区域国家的理性认知,又导致了将朝代更替视为天道安排的顺从性,以及在此基础上形成的作为"臣民"的自我定位和鲜明的"奴性"。

连续的对外战争败绩击碎了"天朝上国""八方来朝"的清梦;西方政治制度和思想观念的传播,使得"民族国家"的意识开始在中国民众头脑中萌芽;"君主立宪""民主共和"等制度安排为国家治理提供了另一种替代性选择和新的可能性。于是,通过日常政治参与影响政治决策愈发为世人所认知。变局之下的公民教育为过渡时代的晚清培育了初具现代政治素养的"公民",也为真正意义上公共舆论的形成塑造了重要的参与主体。

---

① 王韬:《弢园文录外编・重民(下)》,上海书店,2002年,第20页。

　　尽管依托新式学堂和出版物进行的公民教育日趋深入,且自 19 世纪 70 年代以后,报刊已经日趋白话化,但是对于识字率极低的社会底层民众,新知和新思想的传播仍旧难以覆盖。为了更广泛地争取政治转型和社会变革的民众基础,致力于思想启蒙的新型知识分子将“演说”纳入传播媒介的选择。就传播学的角度而言,演说是历史最为久远的传播媒介。早在古希腊时期,以小国寡民为基础的城邦制便把公开演说作为政治活动的重要环节。就此,亚里士多德专门著有《修辞学》来阐述相关奥义,演讲与报刊、书籍等大众传播媒介不同,这种面对面的人际传播更有利于教育程度偏低的受众对信息的理解和接受,并且可以通过亚氏在《修辞学》中所指出的演讲者的人格魅力、情感煽动和理性逻辑,达到更为强烈的鼓动效果。①

　　晚清时期此类演说并不拘泥固定场合,而是在学校、报馆、戏院和茶馆等诸多场所进行,“无所不在,无往不利”,极大丰富了思想文化的传播媒介。这些演讲文稿还时常刊登在报刊之上,弥补其瞬时性的缺憾,延续其影响力。口语传播和大众传播的结合实现了传播效果的最大化。鉴于演说在社会政治动员和舆论营造中所起的重要作用,有学者甚至将这一时期概括为“演说造成的时代”。②

　　晚清时期对变革精神的宣扬并非个体行为,也有组织化、系统化的参与。与“一盘散沙”的传统中国社会形态不同,在救亡图存的共同目标凝聚下,晚清社会自维新运动时期起出现了大量的结社现象,并冠以“学会”“学社”等名称。这些社团有异于传统社会里因乡缘纽带结成的“会馆”,其出现得益于公民意识、群体意识的觉醒和政治参与意识的强化,并以传播新知、启蒙思想作为主要宗旨。伴随时局的变迁,此类社团的政治色彩日趋鲜明,独立主张日益强化。如费正清所说:这些社团成员“不一定都是政府的革命

---

　　①　[古希腊]亚理斯多德:《修辞学》,罗念生译,上海人民出版社,2006 年。
　　②　李孝悌:《清末下层社会启蒙运动:1901～1911》,河北教育出版社,2001 年,第 103 页。

派劲敌,然而他们的基本态度是与政府离心离德和对它抱有批判的意识。"①正是这种对政府的疏离态度和批判意识,使其在新知和思想传播中,以组织传播媒介的属性与报刊、书籍等大众传播媒介,以及新式学堂、公开演说等人际传播媒介相互补充,共同丰富着言论自由表达的通路,推动着公共舆论的形成。而这些或多或少拥有政治理想的社团,正是后来辛亥革命时期冲破清政府的党禁钳制,迅速发展壮大的革命政党的雏形。

5.2　公共舆论的变迁

5.2.1　公共舆论的形成

时至今日,"公共舆论"已不再是一个生僻词汇。在大多数人的理解中,"公共舆论"通常与"公众舆论"通用,被定义为大多数民众的意见。然而,这一认识只停留在对"多数人"的观照,却忽视了公共舆论对于"公共性"的强调,及其更为重要的权力属性,亦即通过舆论对公共事务和政治决策形成的影响力。戴维·杜鲁门(David Bicknell Truman)将公共舆论视为"一系列特定条件下……由个人观点的集合构成的……关于特定的公众问题或情况的观点",其背后"隐含着一种集体性",是"一种超自然的存在",对于所关注的领域有独立的要求和判断。② 关于公共舆论与权力的关系问题,伯特兰·罗素(Bertrand Arthur William Russell)精准地指出:"舆论是万能的,其他一切权力形态皆导源于舆论……在一切社会事务中,舆论是最终的权力。"③这

---

① ［美］费正清等:《剑桥中国晚清史》(下卷),中国社会科学出版社,1985年,第391页。
② ［美］戴维·杜鲁门:《政治过程——政治利益与公众舆论》,陈尧译,天津人民出版社,2005年,第235~238页。
③ ［英］伯特兰·罗素:《权力论》,吴友三译,商务印书馆,1991年,第97页。

一论断既说明了舆论的权力属性,又指出了舆论本身就是权力的来源。该舆论观可以用来烛照晚清的历史进程,追溯近代中国公共舆论的形成源流与发展走向。

"人在本质上是政治的动物。"①亚里士多德的这句话对于中国知识人似乎格外适用。追溯中国数千年的历史发展进程,在儒家入世的思想教化下,中国知识人大多都保有"参政议政、治国理政"的理想,而在封建王朝的专制统治下,这种理想的实现基本都是取道"学而优则仕"的典型路径。这些通过寒窗苦读跻身士人阶层的知识人,通常以谏臣或言官的身份,在集权统治框架之内发表对当下政治议题的评断与批判。这些公开发布的批判性意见,在中国历史上被称为"清议"。

鸦片战争以后,惨痛的军事失败、殖民者的入侵和此起彼伏的农民运动使清朝统治者不得不面对日益严峻的内忧外患。一些中青年士人将"清议"作为实现救国救民理想的方式。但是,根植于封建社会土壤之上的"清议"背后有其不可避免的固有缺陷。一方面,体制内士人的批判性政治言论通常针对贪腐的官员个体或是局部的不公现象,其目的仍是维护封建礼教和专制统治;另一方面,清议有时被士人作为博取晋升机会的工具,夹杂着狭隘私德和私人欲望。因此,依靠"清议"进行的政治批判具有天然的局限性和不彻底性。

作为传统表达政治主张方式的延续,"清议"主要依托面谈、奏折、信件等媒介进行,覆盖范围有限,开放性不足。现代报刊问世以后,士人们体验到了这种大众传播媒介广泛的覆盖面和强大的影响力。于是,"本来仅仅属于士林内部的清议,放大为影响全国的公共舆论。"②至此,居于统治阶层末端、不断被边缘化的士人和新型知识分子,找到了政治参与的新平台,开始

---

① [古希腊]亚里士多德:《政治学》,吴寿彭译,北京:商务印书馆,2008 年,第 7 页。
② 许纪霖:《重建社会重心:近代中国的"知识人社会"》,《学术月刊》,2006 年第 11 期,第 142 页。

重回政治议题言论的中心地带,并作为公共舆论的引导者和培育者,不断增强社会影响力,将政治主张播撒到更为广泛的基层民众中去,进行思想启蒙和社会动员。

当然,这些新型知识分子也并非自报刊诞生伊始就旗帜鲜明地亮出自己寄托的政治主张。为了有效化解统治者和传统士大夫对于报刊的敌意,他们首先强调报纸传递信息、维系统治的功能。如汪康年在《中国自强策》中强调:

> 设报馆以达民隐,凡中外交涉、选举、狱讼、报销,悉由官登之报;新理新法,及一切民间之事,及其冤抑,无不可登报,则上下之情通矣。"①

梁启超也在《论报馆有益于国事》中言:

> 今夫万国并立,犹比邻也,齐州以内,犹同室也。比邻之事,而吾不知,甚乃同室所为,不相闻问,则有耳目而无耳目;上有所措置,不能喻之民,下有所苦患,不能告之君,则有喉舌。其有助耳目、喉舌之用,而起天下之废疾者,则报馆之为也。②

委婉柔和的试探之后,新型知识分子提出了"以二三报馆之权力以变易天下"③这一旗帜鲜明的政治主张。正是因为报刊所附载的政治任务,使其在内容生产上格外重视对基层民众的动员和对公共舆论的塑造。在很大程度上可以说,正是媒介与政治的联姻,促进了公共舆论的形成和"政论时代"的到来。

---

① 汪康年:《中国自强策(下)》,《时务报》,第 4 期,1896 年 8 月 1 日。

② 梁启超:《论报馆有益于国事》,《时务报》,第 1 期,1896 年 7 月 1 日。

③ 吴恒炜:《知新报缘起》,《知新报》第 1 册,1895 年 1 月 21 日。

5.2.2　舆论热点的引爆

1903 年发生的"《苏报》案"是中国近代史上一起极具标志性的事件,也是引发舆论分化、引爆舆论热点的重要事件。《苏报》原本是一家由外侨创办的市井小报,1896 年 6 月 26 日创刊于上海租界之内,并无可观的影响力。时至 1900 年,陈范接手《苏报》并对其进行改版,开始向政论型报纸转型。1902 年南洋公学的退学风潮之际,《苏报》抓住时机,开辟专栏报道"学界风潮",一时间名声大噪。次年,陈范聘请章士钊执掌笔政,并力邀思想进步人士蔡元培、章太炎、邹容等加入撰稿团队,不断刊文声援全国各地革命团体和学生的爱国主义运动,革命倾向已十分明显。《苏报》所刊文章、所发言论革命色彩的日渐浓烈,以及鲜明的"排满"倾向,引发了清政府的关注和不满。特别是章太炎所撰《驳康有为书》和邹容所著《革命军》的连载,彻底激怒了清朝统治者。于是,1903 年 6 月下旬,清朝地方官员伙同上海租界当局将章、邹二人收监。

《苏报》并未因此而屈服,继续刊发章太炎在押期间所写的《狱中答新闻报记者书》,谴责清政府兴"文字狱",钳制言论自由,并用决绝的文字表示决不放弃反对清政府、倡导革命的立场:"天命方新,来复不远,请看五十年后,铜像巍巍立于云表者,为我为尔,坐以待之,无多聒聒可也。"①

被进一步激怒的清政府于文章刊载次日便查封了《苏报》馆,并企图以出让沪宁铁路路权为代价,换取租界当局将章、邹二人交由清廷发落,但并未获得殖民者们的许可。经过多次审判,在国内外舆论的巨大压力下,二人免于重责,被判收监,分别以三年和两年为期,《苏报》被勒令永久性停刊。

"《苏报》案"之所以被视为中国近代史上具有标志性意义的事件,不仅

---

①　章太炎:《狱中答新闻报记者书》,《苏报》,1903 年 7 月 6 日。

在于案件本身,更在于该事件在公共舆论上所掀起的巨幅波澜。首先,"《苏报》案"的发生引起了国内外广泛关注,近二十种中外报纸对此事件进行了报道。① 作为舆论引导的重要工具,不同报刊对于"《苏报》案"所持观点也不尽相同,舆论热点被引爆的同时,立场上的鲜明对立和舆论导向上的分野也随即产生。如《申报》就站在清政府的立场上谴责章、邹等人对统治权威的僭越,而《国民日日报》则颂扬二人的满腔热忱,讥讽清政府的狭隘。② 其次,在保守派和革命派的对立上升为主要矛盾的情形下,中西方对立暂时退居为次要矛盾,公共舆论格局发生重构。而且在此过程中,英文报刊的强势地位凸显,直接主导着整起事件的发展走向和结果达成。第三,"《苏报》案"中清政府的权威遭遇挑战,对晚清时期争取言论自由产生了重大的示范效应。如胡道静所说:

> "《苏报》案"在历史上的意义是很大的。其正面的影响,就是革命派不过牺牲了一个报馆,毕竟予清政府以极锋利的舆论攻击,使它全盛时代辣手段焚书坑儒的威严全消失了。其侧面的影响,是清廷虽以雷霆万钧之力,欲提办章、邹诸人,卒以事出租界,外人为维护其既得之行政权的缘故,卒未使它达到野心的目的;以后的上海言论界、出版界多数集中于公共租界,这件事情有莫大的关系。③

5.2.3 文化领导权的转移

在晚清时期思想文化剧烈变革、公共舆论风云激荡的背后,实质上存在

---

① ② 王敏:《新旧与中西之间:晚清报纸视阈中的"〈苏报〉案"》,《学术月刊》,2009 年第 7 期,第 120 页。

③ 胡道静:《上海的日报》,杨光辉等编:《中国近代报刊发展概况》,新华出版社,1986 年,第 331 页。

一个话语权争夺和文化领导权转移的过程。这种争夺和转移既存在于中国不同社会阶层之间,也存在于西方和中国之间。就前一个层面而言,晚清时期中国社会所遭遇的前所未有的危机,引发了社会各界对于政治、经济、文化等各领域传统的全面反思。过渡时代中,社会生活的诸多方面都发生着裂变。如梁启超言:"坐于广厦细旋以谈名理,与身入于惊涛骇浪以应事变,其道不得不绝异。"①

变革之中,"传统的精英文化出现了领导权危机"。② 新型知识分子开始形成对统治阶层的疏离意识,转而通过结社、办报、演说等媒介形式谋求相对独立的政治影响力。这些新型知识分子又引导基层民众养成政治参与意识,进而产生对统治阶层的离心效应。公共舆论由此兴起,精英阶层本牢牢掌握的文化领导权逐步下移。

就后一个层面而言,晚清时期上海租界的辟设本身就在中国土地上制造出一个主权真空地带,这为西学的传播和政治制度的移植创造了条件。在此基础上,外侨开始在租界翻译出版书籍、创办报纸杂志、开设教会学校,以便对华输入西方宗教文化和价值观念。尽管中国本土知识分子对西学的引入和落地持有不同程度上的开放态度,体现出了一定的主动性和选择性。但是,由于国力的悬殊和发展程度的差别,这一文化输入过程不可避免地渗透着西方殖民者的文化霸权色彩。通过逐层深入的西学东渐,西方的资本主义市民文化不断冲击着晚清中国的封建主义精英文化③,清政府的话语权和文化领导权逐层旁落,西方文化知识和政治思想逐渐占据优势地位。当然,西方在话语权博弈中所占据的优势并非永久稳固,在取得暂时性的文化领导权之后,这种外来的文化形态也面临式微的风险,而中国本土思想界的主体性并未被掩盖。正如白吉尔所说:

---

① 梁启超:《过渡时代论》,张品兴编:《梁启超全集》第一卷,北京出版社,1999 年,第 466 页。
②③ 张德琴、陶鹤山:《论近代中国话语范式转型和市民文化领导权》,《南京大学学报(哲学、人文科学、社会科学)》,2000 年第 3 期,第 158 页。

资产阶级意识形态和市民文化在传播过程中······是不加区分地进行的。一些主张经过革命领导人的进一步发挥,便在各秘密会党成员、士兵和商人,甚至在某些地主和官吏中引起了一定的反响。这种反响越来越大,越来越脱离原意:一种本已离开原意的思想再经过广泛流传,必然导致削弱资产阶级的概念及其政治成果,以致新词掩盖了过去的现实,输入的意识形态掩盖了传统上一直存在的矛盾。于是民族情绪为反清情绪所代替,民主主义则为地方封建势力特权反对中央政权(帝国政权)的斗争所代替。[①]

5.3   政治变革力的积蓄

5.3.1   民族主义的觉醒

"民族主义"是 18 世纪从欧洲萌发的具有现代性意味的概念。就其含义来说,可以分为原生论或根基论的民族主义观和建构论的民族主义观。[②]前者"依据若干根基性的判准如血统、语言、共同祖先、宗教、习俗等体质与文化的既定资赋,认定民族乃是天然生成的人群区划方式,民族主义的感情与冲动也是与之俱来,绵延不绝的长期现象。"[③]后者以本尼迪克特·安德森(Benedict Anderson)的界定最具代表性。他认为,民族主义"是一种想象的

---

① 白吉尔:《辛亥革命前夜的中国资产阶级》,《国外中国近代史研究》,中国社会科学出版社,1983年版,第 4 页。

② 姜红:《"想象中国"何以可能——晚清报刊与民族主义的兴起》,《安徽大学学报(哲学社会科学版)》,2011 年第 1 期,第 136~137 页。

③ 沈松侨:《近代中国民族主义的发展:兼论民族主义的两个问题》,《政治社会哲学评论》(台北),2002 年第 3 期。

政治共同体",是"在特定历史条件与过程中,伴随着长期激烈的政治、经济、文化变迁,被建构出来的人为产物",而且,"民族、国家、社群"等概念也并非生而有之,而是"可以通过诸如仪式、旗帜、民族服装、歌曲等具体象征物被想象,而这一想象与因文字出版而开辟的通讯方式有很大关系。"①在近现代中国不断寻求救亡图存之方时,民族主义通过报刊、书籍等媒介被"发明"和"想象"出来,并通过公共舆论的催化日渐深入人心,成为引领晚清政治转型和社会变革的主导力量。余英时言:"百年来中国历史发展最大的动力,非民族主义莫属。"②李泽厚也指出,"反帝救国的民族主义是整个近代中国思想之压倒一切的首要主题。"③

　　晚清中国的民族主义具体表现在两个层面。一个层面是反帝主张,即面对对外战争屡屡失败、西方殖民者不断来犯的绝境,而激发出的对于"制夷"的渴望。这种民族主义采用建构主义的民族主义观,将"中华民族"视为一个整体,而民族主义的目标即在于抵御外敌,振兴中华,在实践层面主要体现在洋务派和维新派的创办实业、改革教育、兴办报刊、改良制度等一系列自强运动上。另一个层面是"排满"情绪,即认为中国所遭遇的内忧外患是由于清政府的腐败昏庸所致,推翻清廷统治是扭转困局的首要任务。这种民族主义采用根基论的民族主义观,视满人为"非我族类"。这种民族主义的目标在于力求通过暴力革命的手段,重新夺回汉人对于国家政权的统治,"驱逐鞑虏,恢复中华",在实践层面主要体现在革命党人培育民众参与、进行社会动员、先反清再反帝的主张。当然,这两种民族主义并无绝对区隔,而是互有交叉,共同在公共舆论的形成和政治环境的变迁中起着重要的凝聚和引领作用。

---

① [美]本尼迪克特·安德森:《想象的共同体——民族主义的起源与散布》,吴叡人译,上海人民出版社,2005 年,第 1~6 页。

② 余英时:《中国近代思想史中的激进与保守》,《历史月刊》,1990 年第 29 期,第 144 页。

③ 李泽厚:《中国近代思想史论》,安徽文艺出版社,1994 年,第 453~468 页。

5.3.2　革命舆论的营造

现代报刊的诞生和公共舆论的形成,打破了邸报等官方媒介对报纸这一大众传播媒介的垄断。民间话语获得新的呈现平台,民意表达获得更为宽广的通路。当报刊与公共舆论相遇,中国社会真正开启了媒介作为压力集团和第四权力的序幕,为中国政治现代化奠定了良好的舆论基础。在西方殖民者的军事、经济、文化领域的全面冲击下,中国的政治体系产生裂变效应,开始了政治现代化转型。这一现代化过程自晚清以后一直在向前推进,并在辛亥革命时期实现了大幅跨越式发展。

关于公共舆论对于革命发生的作用,罗素指出:"公共舆论可以推迟革命;不过,一旦革命爆发,却也使革命更加猛烈。"①张静庐也强调:"新闻纸有制造舆论,宣传主义的能力,所以中国的革命,实与新闻纸有密切的关系。"②在洋务运动和戊戌维新等改良性变革尝试相继失败之后,暴力革命成为有志之士的新主张。为了给革命尽可能塑造更有力的思想支持,争取更广泛的群众基础,革命党人始终致力于通过报刊等媒介引导公共舆论向有利于革命的方向发展。在辛亥革命前十年中,上海租界扮演着革命宣传大本营的角色。

从19世纪50年代到1900年间,外侨对上海租界的管理日臻成熟,华民对于租界特质的了解也已经非常充分。继维新派人士之后,革命党人也认识到了上海租界内对于革命言论的高宽容度,开始在其界内"组织爱国学社、组织军民教育会、在张园集会演说,将《苏报》《国民日日报》《警钟日报》

---

① ［英］伯特兰·罗素:《权力论》,吴友三译,商务印书馆,1991年,第102页。
② 张静庐:《中国的新闻记者与新闻纸》(下编),上海现代书局,1932年,第24页。

等办成革命喉舌"。① 经过十年的宣传造势，正是在革命报刊的影响下，辛亥革命的火种在上海迅速形成燎原之势。武昌起义爆发后，上海社会舆论呈现出一边倒支持革命军的情势，这与前期充分的舆论准备密不可分。

　　亨廷顿指出："政治现代化意味着权威合理化、结构的分化和大众参政化。"②在晚清中国的土地上，公共舆论的激荡剥蚀着清朝统治者的权威；新型知识分子通过办报、撰文、演说等形式倒逼权力核心，客观上分化着中央集权，使其向扁平化结构演进；而言路的开拓、公民教育的发展和广泛的社会动员提高了基层民众对于政治的参与度。这一系列行动塑造了大批具有现代意味的公民。诚如梁启超语："苟有新民，何患无新制度，无新政府，无新国家。"③正是这些"新民"构成了晚清时期政治变迁的社会基础，并在思想和行动上支撑着变革性力量的积蓄，最终促成辛亥革命的顺利实现和风雨飘摇的清王朝土崩瓦解。中国从此揭开了政治上的崭新一页。

---

① 熊月之：《租界里的革命春秋——上海在辛亥革命中的地位和作用》，《社会观察》，2011 年第 4 期，第 81 页。

② [美]塞缪尔·亨廷顿：《变化社会中的政治秩序》，王冠华等译，上海世纪出版集团，2008 年，第 27 页。

③ 梁启超：《新民说》，《饮冰室合集》专集(三)，中华书局，1936 年，1989 年影印版，第 2 页。

第6章 核心圈层:价值观念与生活风尚形塑

　　伴随跨文化交往空间的不断拓展,宏观的文化变迁不仅体现在自上而下推动的西方器物、科技、制度、思想的落地生根,也在自下而上的商业交往、日常生活等中观、微观领域内不断显现。亦即"东渐"的不仅是"西学",还有西方商业伦理与生活风尚。华洋之间的商业贸易往来不仅是物品的交换和财富的转移,也冲击了中国传统的商业伦理体系,改变着中国传统社会"重农抑商"的观念,将西方土壤孕育出来的资本主义商业伦理移植到上海租界这块"试验田",并向全中国渗透,且迅速催生了"买办"这一具有特殊属性的新社会群体。而华洋杂居之下日益频繁的日常生活接触,形成了外侨和华民之间独特的相互观照又适度疏离的状态,生活方式的双向流动促进了新习惯、新风尚的形成和杂交文化形态的孕育,这正是所谓"海派文化"①的根基。正是这些细致入微、无所不在的日常领域变迁,使整个上海租界的

---

　　① "海派文化"的指称客观上便于对上海文化的识别与理解,但是,这种基于对区域文化特殊性强调的命名,从某种程度上说割裂了其与中国文化整体千丝万缕的联系,遮蔽了上海与其他具有与之相似历史命运和发展遭遇的区域文化之间的共性。

文化生态时刻处于吐故纳新的变动过程之中，也不断形塑着身处跨文化语境之下的外侨和华民对于自我与他者的认同。

6.1　价值观念的涵化

6.1.1　资本主义商业伦理的移植

在很大程度上说，商业是资本主义国家安身立命的根本。西方殖民者漂洋过海、开疆扩土，核心目标也是为了拓展市场、促进贸易、攫取财富、积累资本。19 世纪后半期，经过工业革命的洗礼，英、法、美等资本主义国家已经用大机器生产替代了传统手工业，急于给极速增长的产能寻找相匹配的原料产地和商品市场。正如马克思在《共产党宣言》中的判断：

> 不断扩大产品销路的需要，驱使资产阶级奔走于全球各地。它必须到处落户，到处开发，到处建立联系。资产阶级，由于开拓了世界市场，使一切国家的生产和消费都成为世界性的了……古老的民族工业被消灭了，并且每天都还在被消灭……过去那种地方的和民族的自给自足和闭关自守状态，被各民族的各方面的互相往来和各方面的互相依赖所代替了……资产阶级，由于一切生产工具的迅速改进，由于交通的极其便利，把一切民族甚至最野蛮的民族都卷到文明中来了。它的商品的低廉价格，是它用来摧毁一切万里长城、征服野蛮人最顽强的仇外心理的重炮。它迫使一切民族——如果它们不想灭亡的话——采用资产阶级的生产方式；它迫使它们在自己那里推行所谓文明，即变成资产者。一句话，

它按照自己的面貌为自己创造出一个世界。①

晚清以后,这些迅速发展起来的西方资本主义国家对清廷治下的中国所发动的一系列殖民战争,都是基于如此欲望。鸦片战争以后,打破清王朝的闭关锁国、将五口通商写进条约仍不能满足殖民者的欲望。为了更加便利地在中国这块古老的东方土地上开展商业贸易活动,殖民者们急于寻找在华久居的据点,孱弱腐朽的清政府已然无力阻挡入侵者的企图,只得在抗争无力与拖延不过之后应允列强的主张,这便是上海租界辟设的背景。由此可见,租界的诞生,最初就是基于商业的目的和名义,其后外侨和华民之间一系列生活与交往,都是围绕商业活动铺展开来的。上海的崛起,也是主要依靠商业贸易的发展,这一点不仅是国内的共识,也符合西方人的观点:"这个城市不靠皇帝也不靠官吏,而只靠它的商业力量逐渐发展起来。"②

租界辟设之初,来沪经商的外侨并不多。直到 19 世纪 50 年代,因江南战事促成华洋杂居之后,商机井喷,租界成为"遍地黄金"的造梦场。许多外侨通过转租房屋、囤货居奇而一夜暴富。消息很快传到海外,强烈刺激着越来越多的外侨来沪"淘金"。据史料记载,1847 年,上海租界有洋行 24 家,商铺 5 家;③到 1865 年,上海租界内已有商号 88 家;至 1906 年,攀升至 3 677 家。④ 与外商、洋行一道舶来的还有资本主义商业伦理。关于这种"特殊的资产阶级的经济伦理",马克斯·韦伯用"重商主义精神"与"新教伦理"的结合加以概括。⑤

"新教伦理"中对于节俭、勤勉、克己等私德的强调,与中国传统社会道德规约相吻合。但是,在个人财富观和"重商主义"等方面,中西方差异显而

①　[德]马克思、恩格斯:《共产党宣言》,人民出版社,1997 年,第 31 页。
②　[美]霍塞:《出卖的上海滩》,商务印书馆,1962 年,第 4 页。
③　黄苇:《上海开埠初期对外贸易研究》,上海人民出版社,1979 年,第 25 页。
④　刘惠吾编:《上海近代史(上)》,华东师范大学出版社,1985 年版,第 332 页。
⑤　[德]马克斯·韦伯:《新教伦理与资本主义精神》,于晓、陈维纲等译,三联书店,1987 年,第 138～139 页。

易见。在中国传统社会,"重义轻利"是为人们所一贯倡导的价值观。但是,在西方殖民者的贸易活动日趋繁盛,资本主义商业浪潮奔涌席卷之下,这种义利观频繁受到冲击。同时,救亡图存目标的紧迫性和西学东渐影响之下"经世之学"的复兴,使得晚清社会风气越发务实,加之因商业带来的上海城市的崛起,"义利之辨"中"功利型价值观逐渐占据上风"。① 在此背景下,鼓励个人逐利合法性与私有财产神圣性的西方资本主义价值观也受到追捧,如维新派人士何启、胡礼垣认为:

> 凡事而能使人心悦诚服竭力而前者惟财。凡物而能令人取诸怀中割爱与我者亦惟财……除性善之外,则天下事事物物无不因财而动,因财而成者矣……为今日言,则家不妨私其家,乡不妨私其乡,即国亦不妨私其国,人亦不妨私其人,如此则合人人之私以为私,于是各得其私,而天下亦治矣。②

此外,中国封建社会所倡导的"重农抑商"理念也逐渐为"重商主义"所替代。如维新派人士陈炽提出:"商务盛衰之枢,即邦国兴亡之券也。"③《申报》还曾专门载文强调商业对于国家的重要性:"商务之盛衰,即人民贫富之所系;人民之贫富,即国家强弱之所制,又安可漠视商政而不加董理乎?"④这些舶来的资本主义商业伦理,在过渡时代的中国,搭乘西学东渐之风,经由繁盛的商贸活动催化,在与中国原生的本土商业伦理体系发生一系列冲撞与融合之后,移植到了上海租界这块土地上,并逐渐外溢出租界乃至上海边界,向全中国扩散。

---

① 马敏:《近代中国的商业启蒙》,《中国社会科学》,2014 年第 2 期,第 58 页。
② 郑大华点校:《新政真诠——何启、胡礼垣集》,辽宁人民出版社,1994 年版,第 485 页,第 413 页。转引自马敏:《近代中国的商业启蒙》,《中国社会科学》,2014 年第 2 期,第 58 页。
③ 赵树贵、曾丽雅编:《陈炽集》,中华书局,1997 年,第 98 页。
④ 《申报》,1896 年 3 月 9 日。

6.1.2　早期资产阶级的崛起

在中国漫长的封建王权社会发展史上,有着鲜明的社会阶层分野且等级森严,一般来讲,除了居于统治阶层的皇室贵胄和官宦以外,其他民众因职业而划定为"士、农、工、商"四个等级。"士"即前文所提及的士人,或言读书人,由于科举考试的存在,士人阶层拥有通过寒窗苦读跻身统治阶层的通道,所谓"学而优则仕",因此居于民众之中的最高等级;"农"即农民,他们是土地的拥有者,其中也包含掌握大量土地等生产资料的地主,在重农为主的封建社会,地位也较高;封建时期的中国还没有现代意义上的"工人"出现,此处"工"是指工匠,或言手工业者,他们并不掌握生产资料,依靠技艺谋生,社会地位不高;"商"就是商人,他们被视为投机分子,"不事生产",靠"低价贾进,高价沽出"攫取财富,在鼓励自食其力、勤劳致富的社会,并不被人尊重,居于社会阶层划分的末端。对此,《申报》有载:"中国之政崇本抑末,历代以来皆重农而抑商。"[①]对于通过商贸活动掌握巨额财富的商人来说,斥资"捐官"是提升社会地位最快捷、最有效,也几乎是唯一的途径。[②]

这种社会地位格局在明清时期伴随民间商业活动的发展开始有所松动,但并未扭转。直到上海开埠通商,以租界为核心的商业逐层铺展开来,"重农"的观念开始向"重商"过渡,才为处于底层的商人带来了"翻身"的曙光。在上海开埠、租界辟设初期,来沪担任领事的外侨大多是商人出身,外侨的强势地位对华民具有一定程度上的示范效应,有助于中国商人地位的提升。当然,这种示范效应也需要时间的酝酿和其他因素的共同作用。在租界辟设之初,财富不足以"捐"得一官半职的小商人,仍在以攀附权贵作为

---

① 《申报》,1896年3月9日。
② 李天纲:《简论近代上海商业文化》,《上海商业》,1996年第1期,第17页。

提升社会地位的手段。如史料所载："清季四马路一带茶寮酒肆，往往有衣服华丽之人，满口大言云：'某观察我戚也，某总办我友也。'"①这一时期，除了用财富换取地位的捐官商人，也有利用权力经商敛财的下海士绅，这就催生了一个特殊的社会阶层："绅商"。该现象反映了"甲午战前沪地资产阶级尚没有独立的社会地位，作为一个社会分层要素还未确立，虽富而仍不贵，仍需在传统等级体制内寻求升迁和包装。"②

除了游移于官、商之间而形成的具有跨身份特征的"绅商"阶层以外，上海租界特殊的社会土壤还孕育出了一个全新的社会阶层："买办"。鸦片战争之前清王朝治下的中国实行闭关锁国政策，历史上曾经一度延续的对外交往也戛然而止。自给自足的小农经济具有鲜明的保守性色彩，了解世界形势、通晓洋务外语的人极少。因此，被迫的开埠通商和外商资本的涌入，带来了交流上的极大障碍。为了迅速洞悉中国的生活方式、习俗禁忌和文化偏好，以便有的放矢地开拓市场，初来上海"淘金"的外商只得依靠通晓中国国情又熟知西方语言、事务的"中介"。这些充当外商中介的群体，便被称为"买办"。"买办"群体的行事风格具有强烈的中西文化交融意味：受雇于外商的背景使其在商贸往来中遵照诸多西方商业规则，而与国人打交道的推销过程中又处处显露出中国传统的"人情"痕迹。有学者概括："买办推销洋货不外两条途径。一是买办交由当地或其他口岸买办化华商承销；一是买办直接与内地华商挂钩。很多买办都与内地商人保持一种巧妙的联盟。他们与坐商、行商沟串一起，构成各自推销的渠道。"③

由于这种"中介"业务的空间利润丰厚，买办阶层的收入不菲。在上海地区中外商贸往来繁荣的晚清时期，他们的自主性也不断增加，并通过与官

---

① 陈无我：《老上海三十年见闻录》，上海书店，1997 年，第 3 页。
② 樊卫国：《激荡中生长：上海现代经济兴起之若干分析（1870～1941）》，博士学位论文，华东师范大学，2001 年，第 179 页。
③ 聂宝璋：《中国买办资产阶级的发生》，中国社会科学出版社，1979 年，第 127 页。

员的勾结，"寻租"活动游刃有余，私人财富节节攀升，为日后独立投资经商奠定了丰厚的物质基础。他们将资本主义商业伦理与中国本土商业传统有机地结合在一起，形成了新的商业文化。买办与商人、"绅商"等群体共同构成了中国早期的资产阶级，为资本主义商业文化的移植提供了土壤，而他们手中财富的积累也成为中国民族资本主义的原始资本。

洋务运动时期，清政府开始认识到实业的重要性，洋务派士绅开始兴办具有官方性质的工业企业以图自强兴国，这可以看作"中国资本主义生产方式的萌芽"。[①] 此时，商人的地位已开始获得认可。甲午战争之后，亡国边缘的危机感强烈刺激着清朝统治者及其治下的整个中国社会。西学东渐的深入使得"实业救国"的观念成为全社会的共识，工商界人士成为担当救国重任的中坚，获得了普遍尊重。清政府在"重商主义"理念影响下，开始鼓励民间的工业生产和商贸活动，并将其中卓有贡献者委以重任。传统社会的"士、农、工、商"划分被打破，由商人转化而成的资产阶级崛起，"新的社会威望正在聚集之中，对资产阶级社会规范性认识逐步形成。"[②]

6.1.3　移民造就的商业文化

如前所述，上海是一个典型的移民社会。开埠通商、租界辟设以后，来这个"冒险家的乐园"寻找机会的移民络绎不绝。就国际移民来讲，上海租界内居住的外侨国籍峰值达 56 国；就国内移民来讲，除了来自周边的江浙地区移民之外，还有广东、福建等若干省份的人群。不同于中国历史上其他

---

① 曾近义：《维新运动与中国近代科技发展》，《学术研究》，1984 年第 2 期，第 56 页。
② 樊卫国：《激荡中生长：上海现代经济兴起之若干分析(1870~1941)》，博士学位论文，华东师范大学，2001 年，第 179 页。

移民潮的被动性，上海的移民大多数都是基于个体意愿、自由选择。^① 且这些移民的到来大多是出于谋求生计、寻找财富等带有经济色彩的动机。一些抓住上海租界提供的商机，依靠勤劳与才智白手起家、跻身富贵名流的寒门子弟的成功范例，持续吸引着全国各地怀揣理想的人们来沪寻梦。

这种由移民造就的商业社会，显现出独特的商业文化。

第一是多元性。来自不同国家、不同民族、不同地区的中外移民，携带各自原生环境的生活方式、消费习惯和价值观念来沪定居，构成了上海租界多元混杂的社会基体。粤商的开放灵活、浙商的精明远见、徽商的善于经营，以及不同国家外商的自身特质都汇集于此，奠定了上海租界商业文化的多元性基调。

第二是开放性。由于上海处于中西方交流的最前沿，对于西方先进的机器设备、科学技术、管理制度、商业理念等引进均属全国前列。在器物、技术、知识、制度、观念等各层次的持续更新中，抱残守缺的保守态度逐渐消失，代之以开放包容的普遍心态下对于新鲜事物的欢迎与接纳。

第三是务实性。移民造就的社会往往传统的包袱较轻，与原生社会的适度疏离也使得宗族观念、道德束缚等因素影响较小。因此，上海租界居民是最早抛弃"先义后利"规约，全面拥抱西方资本主义商业伦理与个人财富观念的群体。越发务实的理念支撑着他们对利益毫不掩饰地追逐，也不可避免地产生了急功近利之下的道德失范。

第四是竞争性。上海租界的"十里洋场"，既是"造梦场"，也是"碎梦乡"。这是因为所有来上海寻求机会的移民，都需要在众多"淘金者"中寻找自己安身立命的机会。这个过程必然充斥着激烈的竞争，优胜劣汰，适者生存，丛林法则，极为残酷。

---

① 中国历史上其他移民潮通常是由政府主导的群体性迁移，如垦荒、戍边、流放等；或是为了躲避战乱、饥荒而背井离乡。

第五是进取性。上海租界店铺林立，无论是洋商还是华商，每天都面临同行业者的竞争。为了抢占市场份额，这些商人们必须不断创新产品和营销手段，也正是由于上海租界无所不在的高强度竞争，迫使居住其中的居民养成了开拓创新、锐意进取的商业精神。

这种杂糅的海派商业文化，展现出既不同于西方，也不同于中国传统，甚至不同于同时代国内其他地域的属性。也正是以此为内在驱动力，上海借助自身作为东西方商贸往来的前沿阵地和跨文化传播"接触地带"的区位优势，迅速发展壮大着城市体量，并在"异质空间"中孕育着独具特色的城市文化。

6.2　生活风尚的形塑

6.2.1　消费观念的变迁

在现代资本主义体系的运行逻辑中，生产与消费始终是相生相伴、紧密联系的一对矛盾。上海租界商贸活动的繁盛不断刺激着生产，这必然要求拉动消费，以确保市场对于持续增长的产能的消化。其实，消费方式的变迁自鸦片战争后伴随洋货的舶来即已开始，社会上崇洋的倾向初现：

> 凡物之极贵重者，皆谓之洋，重楼曰洋楼，彩轿曰洋轿，衣有洋绉，帽有洋筒，挂灯曰洋灯，火锅名为洋锅，细而至于酱油之佳者亦名洋酱油，颜料之鲜明者亦呼洋红洋绿。大江南北，莫不以洋为尚。[①]

甲午战争之后，西方殖民者攫取了在华直接投资办厂的特权。于是，洋

---

① 陈作霖：《炳烛里谈》，陈登原：《中国文化史》(下册)，商务印书馆，2014年，第300页。

货生产得以在中国本土进行,大量充斥于国内市场,进一步普及了中国居民对于洋货的消费。除了在器物层面,外侨还将电灯、电话、电报、汽车、马路、自来水等西式公共设施引入上海租界,培育了租界华民带有"市民"色彩的消费习惯。伴随来沪外侨的增多和华洋交往的频繁,西方的消费主义也蔓延到了上海租界的土地上。《申报》曾载文描述当时的上海:

> 举中国 20 余省,外洋 20 余国之人民衣于斯,食于斯,攘往熙来,人多于蚁。有酒食以相征逐,有烟花以快冶游,有车马以代步行,有戏园茗肆以资遣兴,下而烟馆也、书场也、弹子房也、照相店也,无一不引人入胜。①

消费习惯的培养和消费方式的形塑,也伴随着消费观念的变迁。在上海租界这个令人眼花缭乱的"十里洋场",西方消费主义的冲击剥蚀了中国传统的勤俭私德,形成了具有"租界特色"的消费文化。

一是追赶时尚。这是消费主义的典型表现。在产能严重过剩的资本主义产销体系中,只有不断创造需求才能消耗过剩产能生产出来的剩余产品。因此,"时尚"便成为刺激欲望、创造需求的最佳"话术",资本家不断更新产品和服务来吸引消费者。上海租界内也一度弥散着这种风气。《申报》对追赶时尚的行为评价道:

> 此邦之人钮于时尚,惟时之从,一若非时不可以为人,非极时不足以胜人。于是妓女则曰时髦,梨园竞尚时调,闺阁均效时装,甚至握管文人亦各改头易面,口谈时务以欺世子……有客籍之人旅游过此者,谓之较之两三年前街市有不同焉,以沪上求时新,其风气较别处为早,其交易较别处为便。而不知在土著之人观之,则凡诸不同者,不待两三年也,有一

---

① 《申报》,1890 年 12 月 1 日。

岁而已变者焉，有数月而即变者焉。①

二是崇洋媚外。在晚清时期的中西方交往中，西方处于强势地位。因此来华外侨以租界为"橱窗"展示的西方生活方式和文化习惯也备受推崇，成为上海租界华人竞相追捧、模仿的对象。对于那些盲目崇洋的人，《大公报》曾刊文批判：

> 他们看着外国事，不论是非美恶，没有一样不好的；看着
> 自己的国里，没有一点是好的，所以学外国人惟恐不像。②

三是贪慕虚荣。上海租界不断涌现的商机使一些商人一夜暴富，财富的迅速积累造成了他们一掷千金的奢侈消费习惯。还有一些人为了彰显身份、地位，促进人际交往，往往不顾自身财务状况，盲目跟随奢侈消费，造成入不敷出。《申报》曾有描述：

> 外若繁华，中多拮据，外似有余，中多不足……今年之受
> 债主逼辱者，皆昔日扬扬得意目为阔少者也……今之被锦绣
> 而乘车马，饫粱肉而炫珍奇者，皆家无担石储者也。至于冠
> 婚丧祭其素丰者，既动费不赀，其素歉者亦耻居人后，讵知争
> 一时之体面而费数载之补苴，甚非计之得者乎旨哉？……风
> 俗日漓，见有高车驷马美食鲜衣之客人皆敬羡，即日事借贷
> 人亦常能应之。若布衣粗食徒步独行之人，虽品行端方，文
> 章华美，人亦望望然去之矣。③

四是腐化堕落。在上海租界之内，赌博和色情消费是极为普遍的现象，且已经成为公开的消费方式，毫无羞耻之心。就赌博行为而言，对于财富的过度渴望以及冒险投机心理是根源所在。而色情消费，一方面是由于来沪

---

① 《申报》，1897 年 7 月 14 日。
② 《大公报》，1903 年 4 月 17 日。
③ 《申报》，1876 年 5 月 22 日。

外商、华商由于路途遥远或其他缘故，并未举家迁入，需求创造了商机；另一方面是由于上海租界内商业社交的盛行，色情场所的消费有利于商业谈判的达成。

上海租界消费方式和观念的变迁，一方面反映了资本主义生产方式所带来的剩余产品的增加，以及商品经济的发展所促进的个人财富的增长。从这一角度出发，适度的消费增加有利于进一步增强商品经济的活力，促进再生产的进行和资本在社会的流通。另一方面，也反映了消费主义所带来的商品拜物教和人性的迷失。中国传统的私德被侵蚀和抛弃，一些人在财富的遮蔽下不断迈向腐化堕落的深渊。如陈旭麓言："商品在改造人们的面貌，在熔解中国的固有文化。"[1]

6.2.2 西式饮食的引进

饮食习惯和方式不仅仅是简单的食物问题，而是一个国家、一个民族经过长期以来的历史发展，复杂久远的地理环境变迁，以及深厚的社会文化筛选与积淀所形成的民族文化体系中的重要一环。"饮食不仅仅是人们满足食欲维持生命的一种自然行为，同时是一种意识、观念、文化礼仪和交流方式，它深刻地影响着人们生活方式的变迁。"[2]上海租界辟设以后，随着来华外侨的不断增加，贸易往来的日趋频繁，为了满足外侨的需求，西餐连同其背后的文化也一并传入了上海租界。在西餐传入之初，也被称为"番菜"。这一带有明显的"天朝上国"口吻的指称，充分显示了当时的中国对于自己"世界中心"的自诩，以及将西方视为"番邦"的立场。

---

[1] 陈旭麓：《论"海派"》，复旦大学历史系编：《中国传统文化的再估计》，上海人民出版社，1987 年，第 368 页。

[2] 邹振环：《西餐引入与近代上海城市文化空间的开拓》，《史林》，2007 年第 4 期，第 137 页。

　　大约在 19 世纪 60 至 70 年代,上海就有了西餐馆。[①] 后来不断增多,也有华人开始经营。这些西餐馆并不只有外侨光顾,也常有华人往来。事实上,由于食材、烹饪手段、调味方式和进餐礼仪等诸多差异,真正喜欢吃西餐的华人极为有限。之所以会出现华人对西餐趋之若鹜的现象,和当时上海租界弥散的崇洋媚外风气有密切关系。当时,进食西餐不仅是个人品味与时尚的象征,更是彰显身份与地位的手段。

　　晚清中国在很长一段时间都陷入对西方盲目崇拜的迷思,这一点在关于西餐的看法上也有所体现。有文称:

　　　　饮食为人生之必要,东方人常食五谷,西方人常食肉类。食五谷者,其身体必逊于食肉类之人。食荤者,必强于茹素之人。美洲某医士云,饮食丰美之国民,可执世界之牛耳。不然,其国衰败,或至灭亡。盖饮食丰美者,体必强壮,精神因之以健,出而任事,无论为国家,为社会,莫不能达完美之目的。故饮食一事,实有关于民生国计也。其人所论,乃根据于印度人与英人之食品各异而判别其优劣。吾国人苟能与欧美人同一食品,自不患无强盛之一日。[②]

　　西餐的引进丰富了中国的饮食文化,也冲击着中国的传统观念。如在中国漫长的农耕文明发展史上,负责耕作的牛被视为人类的伙伴,很少被宰杀作为食材。西餐中对于牛肉的摄入,逐渐改变了中国人的传统观念,开始习惯把牛肉作为日常饮食。对于农耕文明的敬畏和仪式感,已经随着工业时代的到来和西方文化的冲击而逐渐失落了。当然,以分餐制为主的西式饮食的引入也促进了现代饮食卫生意识的培养,此为积极的方面。

---

　　① 邹振环:《西餐引入与近代上海城市文化空间的开拓》,《史林》,2007 年第 4 期,第 140 页。
　　② 《饮食之研究》,徐珂编:《清稗类钞》(13),中华书局,1986 年,第 6233 页。

6.2.3　大众文化的传播

从话剧到文明剧

租界辟设以后最早传入上海的西方文化娱乐方式是话剧。早在 1850 年，一些英国侨民便在上海租界自发组织起了两个话剧社，分别以"浪子"和"好汉"命名。这些话剧爱好者们的排练、演出场地很简单，一般是在仓库、货栈等开阔空间搭建临时舞台。最早公演的剧幕是《势均力敌》和《梁上君子》，属开中国话剧先河之作。时至 1866 年，两个剧社合并重组，成立了上海西人爱美剧社（Amateur Dramatic Club of Shanghai，简称 ADC 剧团，又称上海西人业余剧团、大英剧社）。1867 年，兰心大戏院完工，成为爱美剧社的固定演出场所。当时话剧的观众主要是外侨，间或有中国新型知识分子或进步人士前来观剧，这是他们关于这种完全不同于中国传统戏曲的全新舞台艺术形式的启蒙。

在教会学校里话剧也作为一种互动教学形式被普及开来。最具代表性的是 1899 年圣诞节期间上海圣约翰书院学生导演的讽刺话剧《官场丑史》。[①] 这种简易而生活化的戏剧形态迅速获得了国内观众认可，以学生为主体的各类新式话剧演出层出不穷，上海沪学会演剧部、上海群学会演剧部、上海青年会演剧部、上海学生会演剧部、开明演剧会等各类剧社不断涌现。他们借助这种排演门槛不高、表现形式平易、题材选择灵活的剧种，表达爱国救亡的诉求，宣扬民主革命的理想。因此，这种充满民族主义情怀的

---

① 此说法见马洪林：《海派文化与西学东渐》，《上海师范大学学报》，1996 年第 2 期，第 55 页。另有观点则认为关于此剧的说法属历史误传，而"南洋公学 1901 年初的演出活动，才是学生剧的开端"，见张军：《子虚乌有的早期话剧开山之作：官场丑史——兼论以南洋公学为中心的上海初期学生剧活动》，《戏剧：中央戏剧学院学报》，2008 年第 3 期，第 72～82 页。

戏剧也被称为"文明戏"。这也是西方文化形式与中国国情局势紧密结合的跨文化传播结晶，又作为舆论动员和思想启蒙的手段，进一步传播着源自西方的"民主""文明"等观念。

从京剧到文明戏

京剧约在同治六年(1867年)传入上海。当时，京式戏馆满庭芳茶园开幕，邀京角来沪演出，"沪人初见，趋之若狂"。[①] 其后不久，京剧便取代了昆曲、徽班的地位，成为上海民众文化娱乐的首选形式。至20世纪初，在上海先后建立的京戏馆近百家。[②] 在"文明戏"的启发之下，京剧界人士也开始谋求对传统剧目的革新。

如传统戏楼新丹桂茶园的经营者夏月恒、夏月润兄弟，通过对欧洲戏剧与剧场的考察，借鉴西方舞台样式，与南市商界领袖姚紫石合作，在上海华界十六铺一带设计兴建了华人主持的第一家西式戏院。他们秉承发扬传统戏曲精髓、借鉴西洋文化特色的创新精神，将传统京剧的题材、剧情、服装、道具、唱腔等重新编排，并以现代故事为蓝本，创作出紧扣时代的"文明戏"，并在这家全新的西式剧院上演。当时演出的剧目有《党人碑》《黑籍冤魂》《新茶花女》《拿破仑》《黑奴吁天录》和《明末遗恨》等，以揭露封建社会的黑暗腐朽，宣扬民主革命思想为主题，对当时的辛亥革命运动起到了良好的舆论支持作用。尽管该戏院位于华界，却与租界关系密切，深受租界内教会学校所排演的"文明剧"的启发和影响。

从大众文化传播的角度来说，受众决定了文化形式的演变方向。这一时期的戏曲革新和"文明戏"的诞生，一方面是适应中西方跨文化传播加深的情势，另一方面也是基于观众的审美取向。"时装京剧"是对辛亥革命期

---

① 见上海地方志办公室编撰：《上海通志》，第38卷，文化艺术(上)，http://www. shtong. gov. cn/node2/node2247/node4596/index. html.

② 马洪林：《海派文化与西学东渐》，《上海师范大学学报》，1996年第2期，第54页。

间社会生活的直接反应，赢得了当时观众的青睐。但是，表演形式的革新不
足以维持良好的受众反响，表演内容上的停滞阻碍了"文明戏"的长足发展。
如徐珂在《清稗类钞》中言：

> 上海自新剧既兴以西法布景，绘形于幕……然画背景
> 者，必用油画法……故所绘景物，亦多为西洋式……而戏中
> 人乃峨冠博带作汉人古装，岂非大不相称耶？①

正是因为这种吊诡，使失去了新鲜感的受众不再对改良的京剧保持热
情，"文明剧"逐渐被残酷的市场竞争环境所淘汰。

必须注意的是，这些在西方文化形式启发下改良的剧种，都被冠以"文
明"的前缀。这一方面代表了国人对于"文明"这一价值理念的认可；另一方
面也反映了在当时上海民众心目中，把"西方"与"文明"相勾连，甚至相等同
的心理状态。另外值得一提的是，1895 年 12 月 28 日，电影在法国诞生。仅
仅时隔一年的 1896 年，外商便把电影引入中国播放，称为"西洋镜"。中国
大众文化的发展节奏与世界越发同步起来。

资本主义商业的繁荣及其商业伦理的移植，体现了工业文明对农业文
明的冲击。在巨大的内外合力作用下，中国传统社会的诸多观念面临瓦解。
一方面，这种商业伦理的移植、价值观念的变迁和生活风尚的形塑有其积极
之处，如培育了中国本土商业的竞争意识和创新精神，加强了中国与世界的
紧密度，为中国的发展输送了新的驱动力，推进了大众文化的传播，促进了
中西方之间跨文化理解的达成等；另一方面，也催生了腐化之风，如过分逐
利性所造成的唯利是图，对财富的渴望所酿成的拜金主义，醉心于成本核算
而产生的锱铢必较，为实现利润增值不择手段导致诚信缺失，急功近利而诉
诸于冒险投机，以及崇洋媚外和消费主义等。上海租界这一具有鲜明跨文
化色彩的语境空间，"把中西、古今、雅俗不同的文化形态紧密地浓缩在一

---

① 徐珂：《清稗类钞》，中华书局，1984 年，第 5033 页。

地,在人与空间的不断转换中,多种文化形式被匆匆而又广泛地吸纳,遂为上海的一般民众打开了一个博览式、开放式的文化橱窗。"①这些舶来的商业伦理、生活风尚及其影响,经由上海租界的历史体验涵化为本土居民的价值观念,并有部分延续至今,影响着当下的话语与实践。

---

①　王文英、叶中强编:《城市语境与大众文化》,《上海都市文化空间分析》,上海人民出版社,2004年,第9页。

第7章 重访租界:历史的沉淀与超越的可能

7.1 上海租界跨文化传播的铺展

上海以其优良的自然地理环境、便利的交通运输条件和充分的历史发展积淀,被急于开拓海外市场,尤其是中国这片广阔东方市场的西方殖民者选中,意欲将其开辟为在华商业活动和殖民渗透的据点,这便注定了其后百年间上海不同寻常的历史遭遇与变迁过程。清政府的腐败软弱和地方官员的办事不力,使"租界"在上海首开先例,并对其他殖民者产生强烈的刺激和示范效应。租界这种外国官商盘踞整片土地,并在此范围内享有专权的居留形态,开始在清政府之下的中国遍地开花,形成独特的"异质空间"。

上海自1845年辟设租界、1853年华洋隔离被打破以后,城市格局围绕租界不断重构,老城厢的核心地位被逐渐架空。起初的土地范围已无法满足西方殖民者日益膨胀的野心,他们各怀主张又唯恐在利益抢夺中落于他国之后,于是纷纷通过重定土地章程、越界筑路、攫取行政和司法特权等手段,持续在地域和权利层面进行租界扩张。这些活动强化了租界"国中之国"的畸形态势,侵蚀着清廷治下中国对上海的主权,但也在客观上推动着跨文化传播空间的不断拓展。外国、外省移民源源不断地涌入,又为跨文化传播实践提供了作为潜在主体的基层民众。值得注意的是,不同于中国历史上其他朝代的中外文化交往,晚清时期上海租界内华洋杂居的新格局,开启了外侨和华民面对面、近距离接触的时代序幕。与外侨进行跨文化交往的主体不再局限于统治者与通晓"洋务"的士大夫等精英阶层,而是向下扩展到基层民众。

7.2　过渡时代的文化生态系统变迁

鸦片战争之后的晚清,西方列强的虎视眈眈与国内民众的日益觉醒,造就了内忧外患情势下社会不稳定性的陡增。如此时代背景和现实语境之下,上海租界这一"异质空间"内复杂的社会形态,又平添了这片土地上的不确定性因素和诸多可能。在很大程度上可以说,过渡时代,唯一不变的就是变化本身。伴随跨文化传播的铺展,文化诸层面的变迁随时随地都在以各种可能的形式发生,这也决定了上海租界文化生态并非一个固定的模式,而是一个始终在吐故纳新的动态过程。相遇于上海租界的华、洋双方,在知识体系、思想传统、制度安排、价值观念、生活风尚等诸多方面的差异,开阔了彼此的视野,也给对方形成了心理上的巨大冲击。这种冲击是多层次的,既来自器物、知识,也源于制度、观念,既涉及外部表征,也牵扯内心世界。冲击之下随即展开的交往实践,潜藏着文化休克的风险,也促进了文化的传播与涵化。

上海租界的文化生态系统恰如洋葱般形态,从外围到中间再到核心圈层,层层铺展开来。每一个主体都参与其中,每一次微观层面的交往实践都牵动着中观层面变迁的发生:西学东渐开阔了国人的视野,培育起具有现代意味的学术体系,瓦解了封建礼教传统,承担了理性启蒙的任务;公共舆论场的形成,开拓了民意表达的通路,打破了清政府的官方话语垄断,形成了作为“第四权力”的媒介压力集团,培育了心怀革命理想的新型知识分子和初具现代公民意味的基层民众,开启了舆论牵动政治环境变迁以及中国近代政治转型的序幕;商业贸易活动的繁盛,促进了资本主义商业伦理的移植,激励了本土资产阶级的崛起,形成了中西合璧、移民底色浓重的商业文化和价值观念;日常往来的频繁,带动了生活方式、消费方式和文化娱乐方式的变迁,基于农业文明形成的传统面临西式生活风尚的冲击,既造就了上海租界领先于全国的“进步”意识①,也滋生了崇洋媚外、拜金主义等腐化堕落之风。这些中观的文化诸层次在各自圈层内发生变迁,同时也常有跨越圈层的互动与交换,这些圈层内、跨圈层变迁的有机集合,正是整个上海租界文化生态系统的演进逻辑。

7.3　身份认同:自我、他者与他者眼中的自我

上海租界 1853 年华洋隔离的打破,是外侨和华民进行近距离接触的契机。面对面的直接交往,为华洋双方展示了一个不同于“自我”的“他者”形象。正是这种对“他者”的呈现,提供了自我认同塑造中所需要的“主体间性”;②也提供了在彼此观照之下对于自我的重新认知。具体而言,上海租界

---

①　此处将进步一词加引号,是因为“进步”“落后”等话语本身就是线性历史观的体现,具有“西方中心主义”色彩,也是本书尽力避免的历史观。

②　哈贝马斯在论述其交往行动理论时,提出了“主体间性”这一概念,他认为:“有了主体间性,个体之间才能自由交往,个体才能通过与自我进行自由交流找到自己的认同,才可以在没有强制的情况下实现社会化”。见[德]哈贝马斯:《交往行为理论(第 1 卷)》,曹卫东译,上海人民出版社,2004 年,第 375页。

文化生态变迁中所牵涉的身份认同的形塑,主要体现在三个方面:

一是自我认同的强化与畸变。就华民而言,西方他者的到来提供了一个全新的他者形象。特别是在不平等的国家间关系之下,这一他者刺激着国人民族主义情绪的触发与强化。一方面,救亡图存、抵御外敌成为全社会的共同理想,具体表现在洋务运动、戊戌维新和辛亥革命等一系列以自强为目标的变革发生;另一方面,极端排外情绪也被引爆,对外体现在"教案"的层出不穷,对内则体现在"排满"思想与行动,辛亥革命时期"驱逐鞑虏、恢复中华"的口号,便是最为典型的反映。就外侨而言,晚清时期来沪者大多以胜利者自居,这种身份定位使其不可避免地在对华交往中展现出孤傲的姿态,并在日常生活中刻意突出其"帝国派头",这些外侨在来沪之初便被教导要在任何场合都保持考究的着装,遵守严格的礼仪规范,饮食全部进口,尽量避免与华人的接触等。为了维护本国的尊严,租界当局还将最穷的外侨赶出上海,以免其破坏帝国的形象。① 这些近乎荒谬的表演性生活方式,正是外侨在跨文化语境下面对华人所进行的有意识的自我认同塑造及其外化表征。

二是关于他者认知的偏差。如前所述,国家间关系的不平等是晚清时期上海租界内跨文化传播活动的预置语境。在此种情况下,跨文化传播活动也自然带有不平衡色彩。一方面,西方国家国力的强盛,使华人在处理关于外侨的认知问题时带有一定的"先验性",即自动将其归为优于自我的种族,这就不可避免地导致了跨文化交往中的自卑心理,进而引发了对西方事物、观念和文化的盲目崇拜,这也是崇洋媚外风气的根源所在。另一方面,由于最初来沪的外侨以传教士为主,职业属性决定了他们在传教中必须深入社会底层。当时身处晚清政府统治之下的中国底层民众,大多生活困苦

---

① 具体内容可见张和声:《孤傲的"上海人":上海英侨生活一瞥》,《史林》,2004 年第 6 期,第 38~44 页。

潦倒,精神信仰缺失。这些社会的阴暗面成为早期来沪外侨建构关于中国认知的直接也是大部分素材。这种落后、愚昧的第一印象根植于他们心中,并经由他们传播至西方,从而构成了西方社会建构中国形象的底板。

三是对他者眼中自我的规训与抵抗。自我认同与他者认知的形成并非一经形成就固定不变,而是伴随交往的深入不断调整、形塑。以强势国力为依托的西方文化在传播中所形成的向心力,吸引着变革派知识分子的目光。民族主义意识被激活之后,他们急于摆脱西方人眼中"东亚病夫"的形象,苦苦寻求自强;却又不自觉地落入西方人的话语陷阱,以西方中心主义的眼光审视"吾国"与"吾民",依照西方蓝本规划民族国家的未来。这种立场的游移使他们既想极力扭转西方人眼中愚昧、落后的自我形象,又不自觉受到其规训,主动宣扬自身的"东方气质"①,异常吊诡。

7.4　超越历史的现实可能

在传统叙事中,上海租界是近代中国的耻辱柱,不可揭穿的旧疮疤。这种民族主义情感支配下的绝对化观点在改革开放之前甚为盛行。改革开放以后,更为开放的理念荡涤学术界,诸多历史议题被重提,新的结论频繁产生,租界研究便居其一。这一阶段,为租界"正名"之风兴起,一些学者将租界描述为"传播文明之光的灯塔"和"开启国民心智的钥匙",这种从西方中心主义史观出发,罔顾历史事实的结论也是有失公允的。

历史并非单行线,无法做出二元对立、非黑即白的判断。因此,在尊重史实的前提下,承认租界作为被殖民历史的屈辱性符号意义,是重新揭开那道历史创伤的前提。同时,在处理勾连如此深厚感情色彩与集体记忆的历

---

① 关于此问题的理解,见萨义德关于"东方主义"的论述,以及其他后殖民批判理论。[美]萨义德:《东方学》,王宇根译,三联书店,2007 年。

史议题时,必须有意保持适度的疏离,尽可能客观地把租界作为一个跨文化传播研究范本来看待。此外,近代中国的被殖民经历并非孤证,而是作为全球资本主义扩张中的"牺牲品"与其他被殖民国家和地区一同被裹挟其中。因此,对于上海租界问题的处理,也必须将目光扩大至全球,结合时代背景与世界格局变动,考察租界这一区域性变迁的发生。这就要求摒弃西方中心主义历史观,以及摒弃前文所提及的"冲击—回应""传统—现代"和"帝国主义"三种框架,建构"以中国为中心的中国史",结合深邃广阔的历史前因,尊重历史的延续性,承认历史的连贯性,探寻历史的转折性。这一历史观为超越上海租界的历史沉淀提供了现实的可能。

一是要重现跨文化传播的复杂性。这种复杂性首先体现在参与主体的多元性,来沪外侨、清朝统治者、士大夫、新型知识分子、基层民众均参与其中。其次体现在传播媒介的丰富性,报刊的崛起、书籍的出版、新式学堂的开办、民间组织的演说和个人口传等方式的涌现,不断丰富着跨文化传播实践的媒介选择。再次还体现在传播过程的复合性,既有"有心栽花"的刻意推动,也有"无心插柳"的无意促成;既有异质性的碰撞,也有同质性的交融;既有文化休克的风险,也有文化涵化的发生。最后也体现在传播效果的外部性上,既推进了晚清治下中国的经济、政治、社会、文化转型,也滋生了腐化堕落之风;既有对租界以内文化生态变迁的推动,也在租界以外整个中国的历史进程中产生作用。①

二是要重视中国本土的主体性。尽管晚清时期国力的贫弱奠定了中国与西方跨文化交往中的不平等基调,但无论是西学东渐,还是社会变革,西方文化在中国的传播与落地都不是单向度的"灌输"与"入侵",而是时时处处体现了中国基于自身立场和价值判断之后所进行的有选择性吸取采借,

―――――――――――

① 熊月之用"示范效应、缝隙效应、孤岛效应和集散效应"来概括租界的作用和影响。见熊月之:《近代租界类城市的复杂影响》,《文史知识》,2011 年第 7 期,第 16~20 页。

以及与中国传统文化结合后的在地化过程,充分体现出了中国本土在文化方面的主体性,需要深入挖掘,予以重现。因此,在研究过程中要时刻秉持"去西方主义",建构中国本土的历史观念,避免落入西方中心主义的话语陷阱,造成观察的偏颇和认知的误区。这种警惕意识对于研究的推进和结论的得出具有决定性作用。

三是要超越"海派"文化的局限性。言及上海问题,"海派"几乎是一定会被提及的标签。值得肯定的是,这种提纯化约的归纳,有助于对关涉上海议题的识别与理解,便于形成对上海特色的有效认知。但是,这种标签式的命名过于强调地方性和特殊性,从某种程度上说割裂了上海与其他具有与之相似历史命运和发展遭遇的区域之间的共性,遮蔽了上海作为整体性研究范本的巨大价值。就上海租界这一"异质空间"的研究而言,其意义绝不仅仅停留在区域性经验层面,更应视为整个中国半殖民地半封建社会历史体验的缩影。对上海租界内跨文化传播历史的追溯,观察上海租界文化生态变迁背后起支配作用的普遍规律,可以作为全球后殖民文化批判研究的重要补充,普遍意义远大于个案意义。

迄今为止,距第一块租界(上海)辟设已 170 余年,重访历史现场,在时间的沉淀中拂去尘埃,追寻超越的现实可能,显得格外有意义且有必要。

7.5　研究议题的持续生命力

聚焦上海因租界辟设而形成的"异质空间"之文化生态议题,从文化生态学的基本理论和基础模型出发,勾连深厚的历史语境,关注动态的变迁过程,为跨文化传播研究提供一种框架选择,是本书最为重要也最期待达成的学理贡献。

除此之外,就目前的研究进展而言,本书的创新性还体现在三个方面:

一是实践了将历时性与共时性相结合的跨文化传播研究。目前的跨文化传播研究成果，大多聚焦于当下议题，缺少对历史的观照。然而，任何当下都无法割裂历史的前因，规律的探究需要足够长的时间来显现和凝练。本书在采用历时性分析路径的同时，也关注历史横断面下的共时性问题，实现了交叉视角下对历史的重访，这也是跨文化传播研究者理应重视的取向。二是超越了区域经验的局限。以往对于上海或上海租界的研究，多以"海派"为出发点和立足点，缺乏将区域经验置于更广阔的背景之中发掘更具普遍性规律的意识。本书正是在如此意识指导下的尝试，将上海租界这一个案例作为理解整个时代全球格局变迁的范本。三是丰富了"接触地带"理论。德里克所提出的这一概念，对于理解跨文化传播的过程与影响具有启发性。但是，"接触地带"还仅停留于概念阶段，尚未完成理论的建构，也缺乏实证的检验。本书所聚焦的上海租界恰是这一概念在现实中的典型映射，基于此议题的质性研究丰富了概念的内涵和外延，在理论建构的道路上向前迈进。

研究初始设计阶段所提出的一系列问题基本得以应答。剥离纷繁复杂的干扰性因素之后，中国本土文化的主体性在近代跨文化传播过程中的体现被凸显。但是，由于历史素材高度的复杂性和议题本身的跨学科性，使本研究在推进过程中遭遇了极多的障碍和极大的难度，一些期待尚未达成。如前文所期待的对"中国文化在租界内如何发声""中华文化在数千年的历史进程中展现出的同化力，是否在租界内文化涵化的发生过程中起效""来自不同国家、拥有不同文化背景的来沪侨民，在与华人交往过程中展现出哪些差异性"等问题，都因材料的不充分和时间的紧迫性被暂且搁置，尚未寻找到答案。

上海租界文化生态并非一个阶段性议题，而是具有持续生命力的研究领域。除目前本书所达成的进展以外，还有诸多待发掘的、待深入的方面。

如本书所聚焦的时段锁定晚清,这只是近代中西文化交往的开始而非终结。辛亥革命以后,中华民国的成立,牵动整个中国经济、政治环境的变迁;五四时期新文化运动促进了文化格局的重构,大量新型知识分子以租界作为创作基地;马克思主义作为另一种"西学"传入,以此为指导的中国共产党成立后依托上海租界展开革命活动和群众思想启蒙;日军侵华导致上海陷入"孤岛时期",租界内华洋对立因战事影响而重新洗牌……在这一系列的历史演进过程中,上海租界文化生态变迁始终未曾停滞,每一个阶段都有其鲜明特征,且都有许多值得深入挖掘的议题。此外,在近代中国历史上,租界不是上海的专利,厦门、天津、汉口等地的租界,以及香港等"租借地"的文化生态变迁所呈现出的不同特征与轨迹,也非常值得关注。基于一地的深入挖掘与基于多地的比较研究都具有非常重要的理论价值和现实意义。这些都有待于在今后的研究中继续推进。

上海租界这一"异质空间"内的文化生态变迁是一个具有鲜明跨学科性的研究议题。从跨文化传播研究出发,对这段历史进行追溯的意义,并不止步于史学意义上对历史真相的还原和评价,更在于通过回溯达成对历史的深入理解,以及对其动态演进过程中影响因素的把握。

推而广之,只有通过跨文化传播视角下对史料的处理,才能真正实现对人类文化关系和交往实践的全面洞察。这也是推动跨文化传播学超越学科疆界,上升为全社会之普遍智识的意义之所在。

参考文献

个人文集:

1.康有为. 康有为政论集[M]. 北京:中华书局,1981.

2.冯自由. 革命逸史[M]. 北京:中华书局,1981.

3.梁启超. 梁启超论清学史二种[M]. 上海:复旦大学出版社,1985.

4.严复. 严复集[M]. 北京:中华书局,1986.

5.孙中山. 孙中山全集[M]. 北京:中华书局,1986.

6.梁启超. 饮冰室合集[M]. 北京:中华书局,1989.

7.梁启超. 梁启超文选[M]. 北京:中国广播电视出版社,1995.

8.梁启超. 梁启超全集[M]. 北京:北京出版社,1999.

9.林则徐. 林则徐全集[M]. 福州:海峡文艺出版社,2002.

10.冯桂芬. 校邠庐抗议[M]. 上海:上海书店出版社,2002.

11.郑观应. 盛世危言[M]. 北京:华夏出版社,2002.

12.王韬. 弢园文录外编[M]. 上海:上海书店,2002.

13.王韬. 漫游随录[M]. 北京:社会科学文献出版社,2007.

中文专著:

1.张静庐. 中国的新闻记者与新闻纸(下编)[M]. 上海:上海现代书局,1932.

2.龚启昌. 公民教育学[M]. 南京:正中书局,1948.

3.黄苇. 上海开埠初期对外贸易研究[M]. 上海:上海人民出版社,1979.

4.聂宝璋. 中国买办资产阶级的发生[M]. 北京:中国社会科学出版社,1979.

5. 蒯世勋,等. 上海公共租界史稿[M]. 上海:上海人民出版社,1980.

6. 徐公肃,丘瑾璋. 上海公共租界制度[M]. 上海:上海人民出版社,1980.

7. 顾长声. 传教士与近代中国[M]. 上海:上海人民出版社,1981.

8. 徐珂. 清稗类钞[M]. 北京:中华书局,1984.

9. 钟叔河. 走向世界——近代知识分子考察西方的历史[M]. 北京:中华书局,1985.

10. 刘惠吾. 上海近代史[M]. 上海:华东师范大学出版社,1985.

11. 杨光辉. 中国近代报刊发展概况[M]. 北京:新华出版社,1986.

12. 司马云杰. 文化社会学[M]. 济南:山东人民出版社,1987.

13. 余英时. 士与中国文化[M]. 上海:上海人民出版社,1987.

14. 姚公鹤. 上海闲话[M]. 上海:上海古籍出版社,1989.

15. 汤志钧. 近代上海大事记[M]. 上海:上海辞书出版社,1989.

16. 陈旭麓. 上海租界与中国近代社会新陈代谢[M]. 上海:上海人民出版社,1990.

17. 于醒民. 上海,1862[M]. 上海:上海人民出版社,1991 年.

18. 费城康. 中国租界史[M]. 上海:上海社会科学院出版社,1991.

19. 任凯,白燕. 教育生态学[M]. 沈阳:辽宁教育出版社,1992.

20. 蔡振生. 张之洞教育思想研究[M]. 沈阳:辽宁教育出版社,1994.

21. 李泽厚. 中国近代思想史论[M]. 合肥:安徽文艺出版社,1994.

22. 桑兵. 晚清学堂学生与社会变迁[M]. 上海:学林出版社,1995.

23. 郑大华. 新政真诠——何启、胡礼垣集[M]. 沈阳:辽宁人民出版社,1994.

24. 赵树贵,曾丽雅编. 陈炽集[M]. 北京:中华书局,1997.

25. 陈无我. 老上海三十年见闻录[M]. 上海:上海书店,1997.

26. 范国睿. 教育生态学[M]. 北京:人民教育出版社,2000.

27. 史梅定. 上海租界志[M]. 上海:上海社会科学院出版社,2001.

28. 李孝悌. 清末下层社会启蒙运动:1901~1911[M]. 石家庄:河北教育出版社,2001.

29. 熊月之,周武. 海外上海学[M]. 上海:上海古籍出版社,2004.

30. 王文英,叶中强主编. 城市语境与大众文化:上海都市文化空间分析[M]. 上海:上海人民出版社,2004.

31. 姜飞. 跨文化传播的后殖民语境[M]. 北京:中国人民大学出版社,2005.

32. 孙英春. 大众文化:全球传播的范式[M]. 北京:中国传媒大学出版社,2005.

33. 李云汉. 中国近代史[M]. 台北:三民书局股份有限公司,2005.

34. 李兆华主编. 中国近代数学教育史稿[M]. 济南:山东教育出版社,2005.

35. 茅海建. 戊戌变法史事考[M]. 北京:三联书店,2006.

36. 刘京希. 政治生态论[M]. 济南:山东大学出版社,2007.

37. 桑兵. 晚清学堂学生与社会变迁[M]. 桂林:广西师范大学出版社,2007.

38. 孙英春. 跨文化传播学导论[M]. 北京:北京大学出版社,2008.

39. 姜龙飞. 上海租界百年[M]. 上海:文汇出版社,2008.

40. 严耕望. 治史三书[M]. 上海:上海人民出版社,2008.

41. 许纪霖,宋宏编. 现代中国思想的核心观念[M]. 上海:上海人民出版社,2011.

42. 黄兴涛. 文化史的追寻:以近世中国为视域文化史的追寻[M]. 北京:中国人民大学出版社,2011.

43. 崔波. 清末民初媒介空间演化论[M]. 北京:北京大学出版社,2012.

44. 陈登原. 中国文化史[M]. 北京:商务印书馆,2014.

45. 陈冠兰. 近代中国的租界与新闻传播[M]. 北京:中国书籍出版社,2015.

中文译著:

1. [美]泰勒·丹涅特. 美国人在东亚[M]. 姚曾廙,译. 北京:商务印书馆,1959.

2. [美]霍塞. 出卖的上海滩[M]. 纪明,译. 北京:商务印书馆,1962.

3. [法]梅朋,傅立德. 上海法租界史[M]. 倪静兰,译. 上海:上海译文出版社,1983.

4. [美]费正清. 剑桥中国晚清史(下卷)[M]. 北京:中国社会科学出版社,1985.

5. [奥]贝塔朗菲. 一般系统论[M]. 秋同等,译. 北京:社科文献出版社,1987.

6. [德]马克斯·韦伯. 新教伦理与资本主义精神[M]. 于晓,陈维纲等,译. 北京:三联书店,1987.

7. [英]丹尼斯·麦奎尔. 大众传播模式论[M]. 祝建华等,译. 上海:上海译文出版社,1987.

8. [美]萧公权. 康有为思想研究[M]. 汪荣祖,译. 台北:联经出版社,1988.

9. [法]勒高夫等. 新史学[M]. 姚蒙,译. 上海:上海译文出版社,1989.

10.[美]朱利安·史徒华.文化变迁的理论[M].张恭启,译.台北:台湾远流出版社, 1989.

11.[美]克莱德·M.伍兹.文化变迁[M].何瑞福,译.石家庄:河北人民出版社,1989.

12.[英]伯特兰·罗素.权力论[M].吴友三,译.北京:商务印书馆,1991.

13.[英]爱德华·泰勒.原始文化[M].连树声,译.上海:上海文艺出版社,1992.

14.[美]柯文.在传统与现代性之间——王韬与晚清改革[M].雷颐,罗检秋,译.南京:江苏人民出版社,1994.

15.[德]马克思,恩格斯.共产党宣言[M].北京:人民出版社,1997.

16.[美]柯文.在中国发现历史——中国中心观在美国的兴起[M].林同奇,译.北京:中华书局,1997.

17.[美]阿里夫·德里克.中国历史与东方主义问题[M].陈永国,译.罗钢、刘象愚主编.后殖民主义文化理论.北京:中国社会科学出版社,1999.

18.[美]爱德华·W.萨义德.东方学[M].王宇根,译.北京:三联出版社,1999.

19.[德]马克斯·韦伯.社会科学方法论[M].韩水法等,译.北京:中央编译出版社, 1999.

20.[英]约·罗伯茨.十九世纪西方人眼中的中国[M].蒋重跃,刘林海,译.北京:时事出版社,1999.

21.[加]西佛曼,格里福.走进历史田野——历史人类学的爱尔兰史个案研究[M].贾士蘅,译.台北:麦田出版股份有限公司,1999.

22.[法]皮埃尔·布尔迪厄.关于电视[M].许均,译.沈阳:辽宁教育出版社,2000.

23.[美]沃纳·赛佛林,小詹姆斯·坦卡德传播理论[M].郭镇之,译.北京:华夏出版社,2000.

24.[英]凯·弥尔顿.多种生态学:人类学、文化与环境.人类学的趋势,中国社会科学杂志社编[M].北京:社科文献出版社,2000.

25.[英]巴特·穆尔·吉尔伯特等.后殖民批评[M].杨乃乔等,译.北京:北京大学出版社,2001.

26.[美]赖特·米尔斯.社会学的想像力[M].陈强等,译.北京:三联书店,2001.

27.[美]唐纳德·L.哈迪斯蒂.生态人类学[M].郭凡,邹和,译.北京:文物出版社,

2002.

28.［德］哈贝马斯.交往行为理论(第 1 卷)［M］.上海：曹卫东,译.上海：上海人民出版社,2004.

29.［美］戴维·杜鲁门.政治过程——政治利益与公众舆论［M］.陈尧,译.天津：天津人民出版社,2005.

30.［美］本尼迪克特·安德森.想象的共同体——民族主义的起源与散布［M］.上海：吴叡人,译.上海人民出版社,2005.

31.［法］马克·布洛赫.为历史学辩护［M］.张和声,程郁,译.北京：中国人民大学出版社,2006.

32.［古希腊］亚理斯多德.修辞学［M］.罗念生,译.上海：上海人民出版社,2006.

33.［法］格朋,傅立德.上海法租界史［M］.倪静兰,译.上海：上海社会科学出版社,2007

34.［英］巴特·穆尔·吉尔伯特著.后殖民理论——语境、实践、政治［M］.陈仲丹,译.南京：南京大学出版社,2007.

35.［古希腊］亚里士多德.政治学［M］.吴寿彭,译.北京：商务印书馆,2008.

36.［美］塞缪尔·亨廷顿.变化社会中的政治秩序［M］.王冠华等,译.上海：上海世纪出版集团,2008.

37.［英］彼得·伯克.什么是文化史［M］.杨豫,蔡玉辉,译.北京：北京大学出版社,2009.

38.［美］刘易斯·芒福德.城市文化［M］.宋俊岭等,译.北京：中国建筑工业出版社,2009.

39.［印］霍米·巴巴.后殖民理论研究［M］.生安锋,译.北京：北京大学出版社,2011.

40.［印］迪佩什·查卡拉巴提.后殖民与历史的诡计［M］.张颂仁,陈光兴,高士明,译.上海：上海人民出版社,2013.

41.［印］霍米·巴巴.全球化与纠结［M］张颂仁,陈光兴,高士明,译.上海：上海人民出版社,2013.

42.［阿拉伯］伊本·赫勒敦.历史绪论》［M］.李振中,译.银川：宁夏人民出版社,2015.

中文期刊：

1. 姚公鹤. 上海报纸小史[J]. 东方杂志，1917,16(6).

2. 陈永武. 略论系统论的方法论意义[J]. 求索，1984(1).

3. 曾近义. 维新运动与中国近代科技发展[J]. 学术研究，1984(2).

4. 胡思庸. 西方传教士与晚清的格致学[J]. 近代史研究，1985(6).

5. 郑祖安,施扣柱. 国内租界史研究概述[J]. 社会科学，1988(9).

6. [日]加藤佑三. 上海租界的形成[J]. 史林，1989(3).

7. 张元隆. 上海租界与晚清西学输入[J]. 上海大学学报(社科版)，1989(4).

8. 冯天瑜. 文化生态学论纲[J]. 知识工程，1990(4).

9. 余英时. 中国近代思想史中的激进与保守[J]. 历史月刊(台北)，1990(29).

10. 龚书铎. 晚清西学约议[J]. 近代史研究，1991(2).

11. 广学会年报：1897 年[J]. 出版史料，1991(2).

12. 陈春声. 中国社会史研究必须重视田野调查[J]. 历史研究，1993(2).

13. 熊月之. 晚清西学东渐史概论[J]. 上海社会科学院学术季刊，1995(1).

14. 李天纲. 简论近代上海商业文化[J]. 上海商业 ，1996(1).

15. 马洪林. 海派文化与西学东渐[J]. 上海师范大学学报，1996(2).

16. 陈淳. 考古学文化与文化生态[J]. 文物季刊，1997(4)

17. 黄泽. 试论民族文化的生态环境[J]. 广西民族研究，1998(2).

18. 陈向明. 扎根理论的思路和方法[J]. 教育研究与实验，1999(4).

19. 黄育馥. 20 世纪兴起的跨学科研究领域——文化生态学[J]. 国外社会科学，1999(6).

20. 张德琴,陶鹤山. 论近代中国话语范式转型和市民文化领导权[J]. 南京大学学报(哲学、人文科学、社会科学)，2000(3).

21. [英]彼得·伯克. 西方新社会文化史[J]. 历史教学问题，2000(4).

22. 孙英春,王祎."软实力"理论反思与中国的"文化安全观"[J]. 国际安全研究，2014(2).

23. 梁渭雄,叶金宝. 文化生态与先进文化的发展[J]. 学术研究，2000(11).

24. 方李莉. 文化生态失衡问题的提出[J]. 北京大学学报(哲学社会科学版)，2001(3).

25. 沈松侨. 近代中国民族主义的发展:兼论民族主义的两个问题[J]. 台北:政治社会哲学评论,2002(3).

26. 沈金根. 1855 年上海英租界地图[J]. 上海城市规划,2002(3).

27. 邓先瑞. 试论文化生态及其研究意义[J]. 华中师范大学学报(人文社会科学版),2003(1).

28. 王玉德. 生态文化与文化生态辨析[J]. 生态文化,2003(1).

29. 管宁. 文化生态——与现代文化理念之培育[J]. 教育评论,2003(3).

30. 熊月之. 照明与文化:从油灯、蜡烛到电灯[J]. 社会科学,2003(3).

31. 李佳策. 上海租界的人口统计[J]. 上海统计,2003(7).

32. 姜飞. 跨文化传播的后殖民语境[J]. 新闻与传播研究,2004(1).

33. 彭兆荣. 边界的空隙:一个历史人类学的场域[J]. 思想战线,2004(1).

34. 王锡苓. 质性研究如何建构理论——扎根理论及其对传播研究的启示[J]. 兰州大学学报(社会科学版),2004(3).

35. 李静. 大众传媒中的石库门与上海人身份认同的历史变迁[J]. 新闻大学,2004(4).

36. 赵世瑜. 历史人类学:在学科与非学科之间[J]. 历史研究,2004(4).

37. 张和声. 孤傲的"上海人":上海英侨生活一瞥[J]. 史林,2004(6).

38. 左玉河. 西学东渐与晚清学风嬗变[J]. 中国近代思想史研究集刊第 2 辑. 2005.

39. 王志涛,王立家. 网络语言与多元文化生态[J]. 山东理工大学学报(社会科学版),2005(1).

40. 梁伟锋. 论上海租界与租界文化[J]. 江西社会科学,2005(3).

41. 葛涛. 电波中的唱片之声——论民国时期上海广播唱片的社会境遇[J]. 史林,2005(5).

42. 高建明. 论生态文化与文化生态[J]. 系统辩证学学报,2005(7).

43. 潘皓. 清华学校:文化接触地带的考察[J]. 学术论坛,2005(9).

44. 李永东. 租界文化的形态与特征[J]. 河北学刊,2006(1).

45. 蒋含平. 苏报案的辨证与思考[J]. 新闻与传播研究,2006(3).

46. 黄国信,温春来,吴涛. 历史人类学与近代区域社会史研究[J]. 近代史研究,2006(5).

47. 许纪霖. 重建社会重心:近代中国的"知识人社会"[J]. 学术月刊,2006(11).

48. 黄向春,郑振满. 社会、文化与国家——郑振满教授访谈录[J]. 中国社会历史评论,2007,5(1).

49. 潘艳,陈洪波. 文化生态学[J]. 南方文物,2007(2).

50. 何菁. 从普通话与方言之争看构建和谐文化生态[J]. 青年记者,2007(2).

51. 蒋晓华. 典籍英译与文化生态平衡[J]. 澳门理工学报,2007(2).

52. 邹振环. 西餐引入与近代上海城市文化空间的开拓[J]. 史林,2007(4).

53. 周兵. 林·亨特与新文化史[J]. 史林,2007(4).

54. 李峰. 当代艺术生态里的几个人与几个环节[J]. 东方艺术,2007(21).

55. 阳美燕. 英商在汉口创办的《字林汉报》(1893)——外人在华内地发行的第一份中文报纸[J]. 新闻与传播研究,2008(1).

56. 牟振宇. 近代上海法租界的城市空间的拓展[J]. 城市规划学刊,2008(2).

57. 张军. 子虚乌有的早期话剧开山之作:官场丑史——兼论以南洋公学为中心的上海初期学生剧活动[J]. 戏剧(中央戏剧学院学报),2008(3).

58. 张继木,曾宪明. 租界对中国民营报业影响论析[J]. 当代传播,2008(5).

59. 李新民. "中间地带":文化交流视野下的张艺谋电影[J]. 南京理工大学学报(社会科学版),2008(8).

60. 朱春阳. 关于史量才与《申报》三个问题之思考与追问[J]. 国际新闻界,2008(9).

61. 王敏. 新旧与中西之间:晚清报纸视阈中的"苏报案"[J]. 学术月刊,2009(7).

62. 吴雪玲. 广学会与晚清西学传播[J]. 东岳论丛,2009(8).

63. 周怡倩,马尚龙. 租界文化对上海市民性格的影响[J]. 探索与争鸣,2009(12).

64. 姜红. "想象中国"何以可能——晚清报刊与民族主义的兴起[J]. 安徽大学学报(哲学社会科学版),2011(1).

65. 马菁. 近十年来国内文化生态问题研究综述[J]. 湖南社会科学,2011(1).

66. 单波. 跨文化传播的基本理论命题[J]. 华中师范大学学报(人文社会科学版),2011(1).

67. 孙玮. 作为媒介的外滩:上海现代性的发生与成长[J]. 新闻大学,2011(4).

68. 熊月之. 租界里的革命春秋——上海在辛亥革命中的地位和作用[J]. 社会观察,

2011(4).

69.卢兴,郑飞.中国本土文化身份的反思与重构[J].江西社会科学,2011(4).

70.陈静."历史民族志"与"历史的民族志"——民族志时间中的历史之纬[J].东方论坛,2011(5).

71.陈廷湘.中国传统天下观的断裂与现代性国家意识的形成及其变异[J].史学月刊,2011(5).

72.熊月之.近代租界类城市的复杂影响[J].文史知识,2011(7).

73.黄旦.媒介就是知识:中国现代报刊思想的缘起[J].学术月刊,2011(12).

74.胡翼青:论文化向度与社会向度的传播研究[J].新闻与传播研究,2012(3).

75.俞万源,邱国锋,曾志军,肖明曦.基于文化生态的客家文化旅游开发研究[J].经济地理,2012(7).

76.张姚俊.20世纪20年代上海外商电台及其影响[J].都市文化研究,2013(1).

77.孙玮.传播:编制关系网络——基于城市研究的分析[J].新闻大学,2013(3).

78.汪苑菁.发现城市:重构近代报刊史之城市与报刊关系[J].国际新闻界,2013(5).

79.陈明远.百年租界的数目、面积和起讫日期[J].社会科学论坛,2013(6).

80.董丽敏.危机语境中的知识生产、媒介与文化转型——对晚清中国知识生产的一种考察[J].上海大学学报(社会科学版),2013(7).

81.艾红红.租界时空的"新闻自由"及其效应[J].当代传播,2014(1).

82.马敏.近代中国的商业启蒙[J].中国社会科学,2014(2).

83.赵建国.地域文化中的媒介:西关文化与近代广州报刊(1827~1912)[J].暨南学报(哲学社会科学版),2015(5).

84.刘婷.新媒体"接触区"中MOOC跨文化传播方式的创新及启示[J]。中国电化教育,2015(9).

85.金庚星.媒介的初现:上海火警中的旗灯、钟楼和电话[J].新闻与传播研究,2015(12).

86.赵建国.报刊地理:广州租界与近代报刊(1827~1912)[J].新闻与传播研究,2016(1).

87.邵志择.治外法权与清末报律的制定[J].新闻与传播研究,2016(2).

88.侯庆斌.晚清中外会审制度中华洋法官的法律素养与审判风格——以上海法租界会审公廨为例[J].学术月刊,2017(1).

89.刘文楠."文化编码"之间的冲突、妥协与混杂:晚清上海租界的爆竹[J].史林,2018(1).

90.程丽虹,刘泽达."《警钟日报》案"中的舆论角力[J].新闻记者,2018(2).

91.罗桂林."地名战":上海法租界街路命名的社会文化史[J].城市史研究,2018(2).

92.熊月之.论近代上海作为中外利益共同体的意义[J].学术月刊,2018(6).

93.季凌霄."听"得见的城市:晚清上海的钟声与感官文化[J],新闻与传播研究,2019(1).

94.程丽虹,刘泽达.从结构到解构:"民呼""民吁"报案中的《大清报律》[J].新闻记者,2019(2).

论文集:

1.董枢.上海法租界的成长时期.沈云龙.上海通志馆期刊[M].台北:文海出版社,1977.

2.[法]玛丽格莱尔·白吉尔.辛亥革命前夜的中国资产阶级.中国社会科学院近代史研究所《国外中国近代史研究》编辑部编.国外中国近代史研究[M].北京:中国社会科学出版社,1983.

3.陈旭麓.论"海派".复旦大学历史系编.中国传统文化的再估计[M].上海:上海人民出版社,1987.

4.胡成.全球化语境与近代中国半殖民地问题的历史叙述[M].刘东主编.中国学术(13),北京:商务印书馆,2003.

5.胡晓鸣,刘丹,翁芳玲.上海租界百年对城市发展的启示.中国城市规划学会.规划50年——2006中国城市规划年会论文集(中册)[M].北京:中国建筑工业出版社,2006.

6.孙旭培,殷莉,路鹏程,吴麟.法律是自由的"拯救者"——清末民初新闻自由评析.罗以澄编.新闻与传播评论[M].武汉:武汉出版社,2011.

学位论文:

1.樊卫国.激荡中生长:上海现代经济兴起之若干分析(1870～1941)[D].上海:华东师范大学,2001.

2.邓绍根.《万国公报》传播近代科技文化之研究[D].福州:福建师范大学.2001.

3.汪幼海.上海报业发展中的西方要素(1850～1937)[D].上海:复旦大学.2008.

4.徐建.当代中国文化生态研究——基于文化哲学的视角[D].上海:华东师范大学.2008.

5.李莉.近代中国的媒介镜像:《纽约时报》驻华首席记者哈雷特·阿班中国报道研究(1927～1940)[D].上海:上海师范大学.2010.

6.李文健.记忆与想象:近代媒体的都市叙事[D].天津:南开大学.2012.

7.张立勤.1927～1937年民营报业经营研究[D].上海:复旦大学.2012.

8.房默.1927至1937年上海电影文化生态研究[D].济南:山东师范大学.2013.

8.关梅.论胡道静的新闻事件和新闻学研究[D].南京:南京师范大学.2013.

9.郭恩强.重塑新闻共同体:新记《大公报》职业意识研究[D].上海:复旦大学.2012.

10.梅立乔.晚清徽州文化生态研究[D].苏州:苏州大学.2013.

11.侯凯.上海早期影迷文化史(1897～1937)[D].上海:上海大学,2015.

12.郑潇.上海法租界传媒审查制度(1919～1943年)[D].上海:上海大学,2015.

13.许苏.海派文化视野下的早期中国电影(1927～1937)[D].上海:上海大学,2016.

14.周洁.上海民营电影制片企业生产经营研究(1913～1937)[D].上海:上海社会科学院,2018.

史料档案方志:

1.《申报》.

2.《万国公报》.

3.《格致汇编》.

4.《点石斋画报》.

5.《民报》.

6.《苏报》.

7.《时务报》.

8.《民报》.

9.《知新报》.

10.《明史》.

11.《光绪朝东华录》[M].北京:中华书局,1958.

12.《筹办夷务始末》[M].上海:上海古籍出版社,2008.

13.上海社科院历史研究.上海小刀会起义史料汇编[M].上海:上海人民出版社,1980.

14.上海社会科学院历史研究所编译.太平军在上海——《北华捷报》选译[M].上海:上海人民出版社,1983 年.

15.中国社会科学院近代史研究所近代史资料编.近代史资料[M].北京:中国社会科学出版社,2010.

16.张静庐.中国出版史料补编[M].北京:中华书局,1957.

17.王铁崖编.中外旧约章汇编[M].第 1 册(1689~1901),北京:三联书店,1982.

18.沈云龙编.近代中国史料丛刊.台北:文海出版社,1986.

19.璩鑫圭,童富勇编.中国近代教育史资料汇:教育思想[M].上海:上海教育出版社,2007.

20.王大同修.清嘉庆上海县志.1814.

21.吴馨等修,姚文楠纂.民国上海县志.1936.

22.上海地方志办公室编.上海租界志.http://www.shtong.gov.cn/node2/node2245/node63852/node63855/index.html.

23.上海地方志办公室编.上海通志.http://www.shtong.gov.cn/node2/node2247/node4596/index.html.

英文文献:

1. Burlingame to W. H. Seward, January 23, 1862, Papers Relating to Foreign Affairs, 1862, vol. 2[M]. New York: Kraus Reprint Corporation, 1965.

2. Burlingame to W. H. Seward, April 18, 1863, Papers Relating to Foreign Affairs, 1863, vol. 2[M]. New York: Kraus Reprint Corporation, 1965.

3. W. H. Seward to Burlingame, December 18, 1866, Papers Relating to Foreign Affairs,

1867,vol. 1[M]. New York:Kraus Reprint Corporation,1965.

4. William W. Lockwood, Jr. , The International Settlement at Shanghai(1924～1934) [J]. *The American Political Science Review*, Vol. 28, No. 6,1934(12).

5. C. F. Fraser, The Status of the International Settlement at Shanghai[J]. *Journal of Comparative Legislation and International Law*, Third Series, Vol. 21, No. 1,1939.

6. Thomson. John Seabury,The government of the international settlement at Shanghai:a study in the politics of an international area[D]. Thesis (Ph. D.),Columbia University,1954.

7. Geertz,C. Agricultural involution :The Press of Ecological Change in Indonesia. Berkeley and Los Angeles[M]. University of California Press. 1963.

8. Sinclair. Michael Loy,The French settlement of Shanghai on the eve of the Revolution of 1911[D]. Thesis,Stanford University,1973.

9. Roy A. Rappaport. Pigs for the Ancestors:Ritual in the Ecology of a New Guinea People[M]. Yale University Press, 1984.

10. Mary L. Pratt. Imperial Eyes : Travel Writing and Transculturation[C]. London & New York:Routledge,1992.

11. Everett Rogers, A History of Communication Study[M], New York: Free, 1994.

12. Gayatri Chakravorty Spivak. A Critique of Postcolonial Reason: Toward a History of the Vanishing Present[M]. Harvard University Press, 1999.

13. Robert M. Netting. Hill Farmers of Nigeria[M]. Ams Pr Inc,2000.

14. John W. Bennett, Northern Plainsmen: Adaptive Strategy and Agrarian Life. [M]. Aldine Transaction, 2007.

15. F. L. Hawks Pott,A Short History of Shanghai: Being an Account of the Growth and Development of the International Settlement[M]. Beijing: China Intercontinental Press,2008.

16. Li. Y,Wang. W,Shaping the bund,public spaces and planning process in the Shanghai International Settlement(1843～1943),The 14th Conference of the International Planning History Society (IPHS) [J]. *Istanbul,Turkey*,12—15 July 2010.

17. Kelly Liang,Philippe Le Billon. African Migrants in China:Space,Race and Embodied Encounters in Guangzhou[J],*China. Social and Cultural Geography*,2018(9).